Boethius
Trost der Philosophie

Boethius
Trost der Philosophie

Übersetzt und herausgegeben
von Karl Büchner

Mit einer Einführung
von Friedrich Klingner

Reclam

Lateinischer Originaltitel:
Philosophiae Consolationis libri V
Das Titelbild stellt Boethius und die Philosophie im Kerker
zu Pavia dar (vgl. S. 183)

RECLAMS UNIVERSAL-BIBLIOTHEK Nr. 3154
Alle Rechte vorbehalten
© 1971, 2016 Philipp Reclam jun. GmbH & Co. KG, Stuttgart
2., bibliographisch ergänzte Auflage 2016
Gesamtherstellung: Reclam, Ditzingen. Printed in Germany 2016
RECLAM, UNIVERSAL-BIBLIOTHEK und
RECLAMS UNIVERSAL-BIBLIOTHEK sind eingetragene Marken
der Philipp Reclam jun. GmbH & Co. KG, Stuttgart
ISBN 978-3-15-003154-4

www.reclam.de

Einführung

Boethius ist bald nach dem Ende des weströmischen Kaisertums um das Jahr 480 n. Chr. geboren. Er entstammt dem römischen Hochadel; das Haus der Anicier, dem er angehört, längst bedeutend unter den Kaisern, ist seit der Zeit Diokletians eines der vornehmsten in Rom gewesen. Die Männer dieses Geschlechts waren gewohnt, die höchsten Stellen der bürgerlichen Verwaltung des Reichs innezuhaben, mit den höchsten Würden ausgezeichnet zu werden. Ein Anicier ist sogar unter den letzten Kaisern des Westens zu finden. Der Vater des Verfassers der Consolatio, der ältere Boethius, hat in der Zeit Odoakers als Praefectus Praetorio an der Spitze der Verwaltung und Rechtspflege eines Reichsteiles gestanden und ist Konsul und Stadtverweser von Rom gewesen. So war Boethius, der Sohn, zum Wirken auf den Höhen des öffentlichen Lebens geboren, und er hat denn auch den Glanz der Würden genossen, wie nur irgendein Römer es sich wünschen mochte. Er hat früh die seltene Würde eines Patricius erhalten, ist im Jahre 510 Konsul gewesen, hat es 522 erlebt, daß seine beiden Söhne Konsuln waren, eine Auszeichnung, die ihresgleichen sucht, und ist selbst um dieselbe Zeit Magister officiorum geworden, Kanzler – so könnte man vielleicht sagen – am Hofe zu Ravenna.

Der Stand, worein Boethius durch seine Geburt gestellt war, fand sich im römischen Senat zusammengefaßt. Die Körperschaft bewahrte ihren Glanz aus alten Tagen; am Senat hing für die Römer der Staat ebenso wie am Kaiser. So gering die Macht seiner Beschlüsse war, so schwer wog doch das Dasein des Standes. Denn die senatorischen Familien besaßen einen guten Teil des italischen Bodens, und Angehörige dieses Standes hatten allein noch vollen Anteil an der altüberlieferten Kultur. Diese Männer sahen es als ihre Sache an, sie zu hüten und weiterzugeben. Mancher hat, während er ein hohes Amt verwaltete, alte Dichtungen oder andere Schriftwerke neu schreiben lassen und selbst durchgesehen, damit sie unverfälscht auf die Nachwelt kämen.

Inmitten solcher Bestrebungen ist Boethius als ein offenbar geborener Geistesmensch aufgewachsen. Seine erhaltenen Werke und noch mehr seine gewaltigen Pläne bezeugen ganz am Ende des römischen Schrifttums nicht nur einen außergewöhnlichen Kenner und Liebhaber der Philosophie, sondern einen ernsten Mitarbeiter, ja einen Denker. Denn nur dem entschiedensten Trieb konnte es allem Gewohnten zum Trotz gelingen, Gehalt und Form der platonischen Schriften so gegenwärtig zu haben, ihre Gedanken bis ins Innerste aufzuspüren und zu verknüpfen, sie in der Weise der neuplatonischen Schule auszulegen – die unter Proklos[1] noch einen bedeutenden Aufschwung genommen hatte –, auch Aristoteles einzubeziehen und gerade die Logik zu seinem Studium zu machen, kurz auf der Höhe der damals überhaupt erreichbaren Philosophie zu stehen. Man wundert sich ohnehin, daß es im Westen Lehrer und Bücher genug gegeben hat, sich so gründlich zu unterrichten.

Gefördert und begünstigt wurde der angeborene Trieb durch ein Schicksal, das dem jungen Boethius früh den Vater nahm und ihn dafür unter die Obhut anderer hervorragender Männer stellte, unter denen gewiß schon Symmachus gewesen sein ist, der später sein Schwiegervater werden sollte.

Auch Symmachus gehörte zum Haus der Anicier. Sein Urgroßvater war jener Symmachus gewesen, der sich zur Zeit des Gratian und Theodosius unter den altrömisch gesinnten Senatoren im Kampf um die alte Religion hervorgetan hatte, das Haupt eines ganzen Kreises, dessen Angehörige mit Inbrunst alle Güter der ererbten Gesittung umfaßten, um sie in der höchsten Gefahr zu retten. Der Urenkel, Christ und ein Führer der streng rechtgläubigen Senatoren im Schisma der Jahre um 500, läßt sich dennoch mit seinem Vorfahren vergleichen. Rom und sein Senat war die Welt,

worin auch er lebte und webte; ohne ein Hofamt zu über-
nehmen, hat er sich mit den stadtrömischen Würden begnügt.
Am Ende ist er, hoch angesehen, Vorsitzender des Senates
gewesen. Offenbar stand sein Verlangen nicht so sehr nach
Macht, sondern vielmehr danach, die alte römische Gesittung
zu bewahren und zu pflegen, ihre Denkmäler in Ehren zu
halten und die Studien zu betreiben und zu fördern, die den
Zugang dazu offenhielten. Als Redner, Philosoph und Ge-
schichtsschreiber war er angesehen, aber von allem einzelnen abgesehen, was er geleistet hat, muß ihn wahrer Geistes-
adel und ein milder, verehrungswürdiger Charakter über die
meisten seiner römischen Zeitgenossen emporgehoben haben.

So genoß er denn weit über Italien hinaus bis Konstantinopel hohes Ansehen, und auch seine wissenschaftlichen Bezie-
hungen reichten so weit; Priscianus, der letzte bedeutende
lateinische Sprachgelehrte, hat ihm dort einige seiner Schriften gewidmet. Boethius aber verehrte und liebte in ihm einen
der wenigen, bei denen er auf Verständnis für strenge
Wissenschaft rechnen konnte. Am Anfang seiner Schrift über
die Heilige Dreifaltigkeit sagt er, nur mit ihm unterrede er
sich hier über den schweren Gegenstand. »Wohin ich von
Euch herab meine Augen gehen lasse, überall begegnet teils
schlaffe Trägheit, teils listiger Neid, so daß jemand Schmach
auf Forschungen über das Göttliche zu bringen scheint, der
dies vor solche Mißgebilde von Menschen wirft, damit sie es,
statt es anzuerkennen, mit Füßen treten. Darum ziehe ich
den Lauf des Griffels zur Knappheit zusammen, und was
ich aus den innersten Lehren der Philosophie nehme, um-
hülle ich mit der Bedeutung neuer Ausdrücke, daß es nur zu
mir und zu Euch, wenn Ihr einmal einen Blick darauf
werft, sprechen kann.« Wie sehr also auch die beiden in dem
gemeinen Wesen Roms und des Senates wurzelten, so waren
sie doch auch zusammen einsam im Höchsten, Feinsten, was
sie in gemeinsamem Streben erreicht.

Sucht man sich nun aber möglichst vollständig die Bedin-

gungen klarzumachen, unter denen ein Boethius das hat
werden und leisten können, was uns im *Trost der Philosophie* begegnet, so muß man über den Umkreis seines Hauses
und Standes hinaus vor allem die bedeutende Zeit bedenken,
in der sich sein Leben abgespielt hat. Es ist die letzte Blütezeit Roms und Italiens im Altertum und zugleich die erste
Blütezeit eines der neuen germanischen Reiche auf dem alten
Reichsboden: die Zeit der Herrschaft Theoderichs. Sie hat
ihn begünstigt, aber am Ende ihm auch den Untergang gebracht. Und sein Tod ist auf eigentümliche Weise mit dem
Scheitern Theoderichs verknüpft. Der *Trost der Philosophie*,
den Boethius vor seinem Tode in der Gefangenschaft geschrieben hat, weist also sowohl auf den Glanz wie auf das
Ende jener Nachblüte zurück und zeugt von Wendejahren
der Weltgeschichte.

Theoderich, König der Ostgoten, hat seine Herrschaft in
Italien als einer der germanischen Heerführer begründet, die
im Dienst des Reichs seit dem 4. Jahrhundert immer unent-
behrlicher, immer mächtiger und selbständiger geworden
waren, ja seit der Mitte des 5. Jahrhunderts im Westen unter
Scheinkaisern geherrscht hatten. Einer von ihnen, Odoaker,
hatte es zuerst verschmäht, die Kaiserinsignien wieder einem
der vornehmen Römer zu geben; er hatte sie nach Konstantinopel gesandt, das also von nun an allein Sitz der Kaiser-
würde war. Er hatte Italien nicht vom Reich abgetrennt,
hatte sich auch nicht zum Kaiser gemacht, ja er hatte darauf
gehalten, vom Kaiser in noch so unbestimmter Weise anerkannt zu werden, aber er hatte die Macht unabhängig von
Konstantinopel ausgeübt, gestützt auf die germanischen
Heerscharen, deren König er war. Und als nun Theoderich
mit seinen Ostgoten, nach einem abenteuerlichen Schicksal,
das ihn im Ostreich zur höchsten Heerführerstelle und zu
den höchsten Ehren erhoben, aber auch immer wieder tief in
Gefahren gestürzt hatte, im Auftrag des Kaisers Odoaker
niederrang, da bemächtigte sich zunächst nur ein neuer Anführer mit neuen Scharen der alten Stellung, an die sich die

Römer wohl oder übel längst gewöhnt hatten. War auch ein
kleiner Teil des römischen Hochadels an den Kaiserhof gegangen, so hatte sich schließlich nicht allzuviel im Leben
Italiens geändert. Nur waren es diesmal noch größere Scharen, die ins Land kamen, es war ein geschlossenes Volk, das
schon ein Jahrhundert lang im Osten innerhalb der Reichs-
grenzen als Bündner gelebt hatte, und vor allem war Theoderich ein Meister nicht nur der Kriegskunst, sondern ebensosehr der Staatskunst, der es verstanden hat, das eroberte
Italien und die übrigen Reste des Westreichs inmitten des
furchtbaren Wandels der Dinge durch mehr als drei Jahrzehnte in Gleichgewicht und Frieden zu erhalten.
Noch fast ein Menschenalter nach seinem Tode, um die Zeit,
als nach mörderischen Kriegen die Ostgotenherrschaft für
immer zusammenbrach, hat ein Chronist[2], vielleicht in dem
längst wieder kaiserlichen Ravenna, ihn so gepriesen: »Er
war ausgezeichnet und guten Willens in allem. Er regierte
33 Jahre. In seiner Zeit war Italien 30 Jahre lang vom
Glück begleitet, derart, daß selbst Reisende Frieden hatten.
Denn er tat nichts verkehrt. So regierte er die beiden Völker
in einem, die Römer und die Goten. Er gehörte zwar selbst
der arianischen Sekte an, unternahm aber doch nichts gegen
die katholische Religion, gab Zirkusspiele und Amphithea-
ter, so daß er auch von den Römern Trajan und Valentinian
genannt wurde – deren Zeit sein Vorbild war – und von
den Goten ... allerwege tapferster König. Den Staatsdienst
der Römer ließ er den gleichen sein wie unter den Kaisern.
Er gab Spende und Lebensmittel, und obwohl er den Staats-
schatz ganz leer vorgefunden hatte, stellte er ihn mit seiner
Arbeit wieder her und machte ihn reich. Während er ohne
Bücherwissen war, besaß er doch solche Weisheit, daß
manche seiner Worte beim Volk noch jetzt als Sprüche gelten.« Und an anderer Stelle: »Er war ein Freund von Bau-
ten und ein Erneuerer der Städte. Er erneuerte die Wasserleitung von Ravenna, die der Kaiser Trajan hergestellt hatte,
und leitete nach langer Zeit wieder Wasser herein. Den Pa-

last stellte er bis zur Vollendung her; er hat ihn aber nicht
eingeweiht. Die Säulengänge um den Palast stellte er fertig.
Auch stellte er in Verona das Bad und den Palast her, und
vom Tor bis zum Palast den Säulengang. Die Wasserleitung,
die lange Zeit hindurch zerstört gewesen, baute er neu und
leitete Wasser herein. Er umgab die Stadt mit andern, neuen
Mauern. Ebenso stellte er in Pavia Palast, Bad, Amphi-
theater und andere Stadtmauern her. Aber auch in anderen
Städten leistete er viel Gutes. Er gefiel den Nachbarvölkern
so, daß sie sich im Bündnis ihm unterstellten, indem sie sich
ihn zum König wünschten. Kaufleute kamen aus abgelegenen
Provinzen zu ihm. Denn er hielt solche Zucht, daß, wenn
jemand auf sein Landgut Silber oder Gold schicken wollte,
man das für genau so hielt, als wenn es innerhalb der Stadtmauern wäre.« In einem Satz, dessen Wortlaut ungewiß ist,
heißt es dann, daß die Städte ohne geschlossene Stadttore
gewesen seien. »Und auch in der Stadt schloß man die Türen
nicht zu. Jeder tat, was er zu tun hatte, zu welcher Stunde
er wollte, gerade wie bei Tage.« Ja sogar Prokop[3], der
Begleiter Belisars im Krieg gegen die Goten, nennt Theoderich einen hervorragenden Fürsten. »Tracht und Titel eines
römischen Kaisers wollte er nicht in Besitz nehmen, sondern
ließ sich weiter König nennen..., aber er regierte seine
Untertanen so, daß er alles an sich hatte, was dem Wesen
nach einem Kaiser ansteht. Denn er sorgte aufs äußerste für
Gerechtigkeit und bewahrte die Gesetze in fester Geltung,
und vor den ringsumher wohnenden Barbaren hielt er das
Land in sicherer Hut, und an Klugheit und Tapferkeit stand
er so hoch wie nur möglich. Und Unrecht gegen seine Untertanen tat er fast niemals und ließ auch keinen anderen, der
es versuchte, welches tun, außer daß die Goten den Anteil
an Grund und Boden untereinander verteilten, den Odoaker
seinen Parteigängern gegeben hatte. Theoderich war dem
Namen nach ein Usurpator, in Wirklichkeit aber ein wahrer
Kaiser, genau so gut wie irgendeiner von denen, die von
Anfang an diese Würde besessen hatten. Und die Liebe zu

ihm war bei Goten und Italikern gleich groß, ganz gegen
die menschliche Art ... Er lebte noch 37 Jahre (nach seinem
Siege über Odoaker), ein Schrecken aller seiner Feinde,
Verlangen nach sich aber ließ er bei seinen Untertanen zurück.«

Um sich diesen Ruhm zu verdienen, hat Theoderich vor
allem die schwere Kunst üben müssen, Goten und Römern,
Eroberern und Einheimischen gerecht zu werden und beide
Teile in Frieden miteinander zu halten. Was nun die Goten
betrifft, so hat es ihnen offenbar im Besitz ihres Ruhmes,
ihrer Ländereien und Einkünfte an nichts gefehlt. Den Römern aber bewahrte Theoderich so weit wie möglich den
alten Zustand bis hinauf zu den obersten bürgerlichen Äm-
tern an seinem Hofe, die wie bisher von Römern versehen
wurden. Römer und Goten blieben streng voneinander geschieden; kein Römer konnte Krieger werden und im allgemeinen kein Gote bürgerliche Ämter verwalten und gelehrte
römische Bildung erwerben. Darauf waren ja die Dinge im
Reich schon vorher mehr und mehr hinausgelaufen, daß die
Stände erblich wurden und streng getrennt der Sache des
Reiches dienten. So kann man auch die Goten Theoderichs
den erblichen Wehrstand des Reichsteiles, den er beherrschte,
nennen. Mochten sie aber von den übrigen Ständen klar
geschieden sein, so sollten sie doch mit ihnen einer gemeinsamen Sache dienen, und alle zusammen sollten miteinander
an deren Gedeihen teilhaben. Das ist es offenbar, was Theoderich am klarsten vom bloßen Gewaltherrn unterscheidet:
der Sinn für eine übergreifende staatliche, gesetzliche Ordnung, die er sowohl wie die verschiedenartigen Bewohner
seiner Länder zu ihrer gemeinsamen Angelegenheit machen
sollten, und zwar so, daß alle Beteiligten einander respek-
tierten und sich ineinanderfügten. Über Goten und Römern
stand der Herrscher, für die einen ihr König, der in der
Heldensage von Dietrich von Bern weiterlebt, für die anderen der Regent, der Reichsverweser, der das Land vor den
Barbaren schützte und im Innern Ordnung, Recht und Ge-

deihen förderte. So lief in ihm und an seinem Hofe das
Getrennte zusammen. Es ist bedeutsam, daß er seiner Tochter
Amalaswintha die römische Bildung gab, von der er sonst
die Goten fernhielt; sie sprach griechisch und lateinisch,
kannte die klassische Literatur, und selbst die Philosophie
war ihr nicht fremd.

Die ausgleichende Staatskunst Theoderichs zeigt nun vielleicht zunächst nur die bare Notwendigkeit und außerdem
Klugheit an. Denn Theoderich konnte mit seinen gotischen
Kriegern, deren Zahl man auf etwa 40 000 geschätzt hat, das
immer noch leidlich gut bevölkerte, vor allem aber kulti-
vierte Italien zwar erobern, aber nicht regieren; er brauchte
dazu die Fähigkeiten der Römer, die sich auf das reichge-
gliederte Triebwerk verstanden, ja er brauchte auch ihren
guten Willen, vor allem den des Senates und der Kirche,
die ja beide geistig und wirtschaftlich mächtig waren. Aber
schon die Klugheit, dies zu erkennen und sich darauf einzurichten, so daß ein dauerhaftes Verhältnis möglich wurde,
zeichnet Theoderich vor den anderen Eroberern seiner Zeit
aus. Und die Sorge nicht nur um Notdurft, sondern auch um
Glanz des Lebens der Römer, und dann der Entschluß, im
eigenen Hause römische Bildung einzuführen, deutet doch
wohl auf ein noch fruchtbareres Verhältnis zur römischen
Welt. Seine und seines Volkes Vergangenheit hatte sich nicht
umsonst im Reich abgespielt. Der Leitgedanke eines über-
geordneten Staatsgebildes, worin die verschiedenartigen
Teile der Bevölkerung miteinander in einem ausgeglichenen
Verhältnis leben, kommt doch wohl aus dem griechisch-
römischen Altertum, und die Staatskunst, die auf einen
dauerhaften, ausgeglichenen Friedenszustand hin plante und
arbeitete, wäre vielleicht ohne antikes politisches Fühlen
und Denken so nicht möglich gewesen. Theoderich muß
römische Kultur nicht nur benutzt, sondern auch in sich aufgenommen und zu seiner eigenen Sache gemacht haben. So
zeigen denn auch seine Erlasse, die in Cassiodors[4] Fassung
erhalten sind, das Kulturbewußtsein eines Mannes, der die

gesittete Welt des Reichs den Barbaren gegenüber vertritt. Am prächtigsten stellt sich das Verhältnis zum römischen Wesen auf der Romfahrt des Jahres 500 dar, als er nach einem Besuche am Grabe des heiligen Petrus ein halbes Jahr lang in der Ewigen Stadt die alte Kaiserherrlichkeit erneuerte. Er besuchte damals den Senat, hielt eine feierliche Ansprache an das Volk, worin er versprach, alle Bestimmungen der römischen Kaiser vor ihm unangetastet zu lassen, wohnte im alten Kaiserpalast, gab Zirkusspiele und Lebensmittelspenden und warf Geld dafür aus, Kaiserpalast und Stadtmauern wieder herzurichten.

Die Friedensjahrzehnte dieses außerordentlichen Herrschers haben die letzte Nachblüte Italiens im Altertum begünstigt, eine letzte »goldene Zeit«, deren Glanz und deren Würde noch jetzt dem Auge in Ravenna in S. Apollinare nuovo, in S. Vitale und in andern Bauwerken gegenwärtig sind. Georg Pfeilschifter, der uns Theoderich mit ebensoviel Liebe wie Gewissenhaftigkeit dargestellt hat, macht mit Recht auf den Unterschied zwischen dem Italien Theoderichs und dem Afrika der Vandalen aufmerksam. Auf der einen Seite wurde alles geistige Streben erstickt, auf der anderen mittelbar und selbst unmittelbar durch Auszeichnungen gefördert. Nur im westgotischen Spanien hat es später noch ein so günstiges Klima für die Studien gegeben. Beide Bereiche sind für den gefahrvollen Weg, den die Zeugnisse alter Gesittung zu uns genommen haben, von unschätzbarer Bedeutung gewesen.

Das ausgeglichene Zusammenspiel der Teile in der Herrschaft Theoderichs, das Verhältnis zwischen Ravenna und Rom, wobei in Ravenna wieder Goten und Römer zusammenwirkten, schließlich das Verhältnis dieses Ganzen und seiner Teile zu den Mächten ringsum und besonders zu Byzanz ist nun freilich von vornherein von schweren Gefahren bedroht gewesen. Kraft und behutsame Klugheit des Herrschers haben das schwierige Gefüge lange im Gleichgewicht erhalten. Aber es war von einem gewissermaßen zufälligen

Umstand bedingt, der durchaus nicht in Theoderichs Macht
stand; als diese Bedingung wegfiel, ist das Werk Theoderichs
gescheitert.

Schon bevor Theoderich nach Italien kam, seit 484, war
Byzanz von Rom kirchlich getrennt. Man hatte sich im Osten
des erbitterten Widerstandes gegen das Konzil von Chalcedon und seine Beschlüsse schließlich nicht anders zu erwehren
vermocht als durch die »Einigungsformel«, das Henotikon,
worin der Patriarch von Konstantinopel seinen Frieden mit
den aufsässigen Gegnern, den Monophysiten[5], machte und
dafür Rom preisgab, das entschieden an Chalcedon festhielt.
Das Verfahren lief darauf hinaus, am Sitz der Kaisermacht
die kirchlichen Angelegenheiten des Reiches ohne Rom zu
schlichten und zu lenken, ja im weiteren Verlauf der Dinge
haben der Kaiser und der Patriarch von Konstantinopel
versucht, Rom und Italien durch das Henotikon kirchlich
unter byzantinischen Einfluß zu bringen. Das Henotikon
war also gegen Rom als Hort der Einheit der Kirche gerichtet. Darum leistete die römische Kirche so entschlossenen
Widerstand, daß sie den Anhängern des Henotikons die
Gemeinschaft verweigerte.

Das Schisma entfremdete alles, was auf Rom stolz war, dem
Kaiser. Man mußte sich wehren und nach Hilfe umsehen.
So fand man sich in gemeinsamer Gegnerschaft gegen Byzanz mit Theoderich zusammen. Und das ist es, was Theoderichs Herrschaft, wie sie sich uns darstellt, möglich gemacht
hat. Denn Theoderich war, wie früher gezeigt ist, auf das
Mitwirken und den guten Willen der Römer angewiesen,
und er hatte beides nur, solange der natürliche Zug der
römischen Gefühle zum Kaiser und zum Reich gehemmt
war. Gewiß waren viele durch die Wohltaten des Friedens,
der Ordnung und der Gerechtigkeit gewonnen. Aber das
tiefe Gefühl der Zugehörigkeit konnte davon nicht ausge-
löscht werden, besonders bei den Adligen, für die Rom und
Reich noch etwas bedeutete. Für sie mußte die gotische Macht
im Reich doch auch im besten Falle ein notwendiges Übel

sein. Neigte sich aber Rom zu Byzanz, so war Theoderich
von der großen Gefahr seines Lebens von neuem bedroht.

Von Anfang an war Theoderichs Lage die der spätrömischen
Heerführer überhaupt gewesen. Der Kaiser hatte ihn gebraucht, ihn an sich gezogen und zu den höchsten Ehren des
Reiches emporgehoben, dann aber auch mehr als einmal zu
vernichten gesucht. Auch als er ihn nach Italien schickte,
Odoaker zu beseitigen, hatte er zwar ihn und seine Goten
zufriedenstellen, aber zugleich auch loswerden und womöglich ins Verderben stürzen wollen. Daß ein Anführer ger-
manischer Verbündeter eine selbständige Macht in einem
Teile des Reiches aufrichtete, konnte der Kaiser auf die
Dauer nicht leicht dulden. Er mußte versuchen, den Zusammenhang des ganzen Reiches wieder zu straffen und darum
den Regenten zu unterdrücken.

Konnte so Theoderich Byzanz als die große Gefahr seiner
Macht ansehen, so war er auf der anderen Seite doch auch
darauf angewiesen. Denn selbst wenn für ihn das Reich
und die rechtmäßige Oberhoheit des Kaisers gar nichts be-
deutet hätte, so war er doch wenigstens in den Augen seiner
Untertanen als »Tyrann« gerichtet, wenn er ein erklärter
Feind des Kaisers war. Darum ist er immer wieder so ernst-
haft darum bemüht gewesen, anerkannt zu werden und ein
leidliches Verhältnis aufrechtzuerhalten.

Solange nun das Schisma währte, blieb die Gefahr gebannt.
Fürchteten aber die Römer nicht mehr die Übergriffe
Ostroms, so konnte der Kaiser sie leichter an sich ziehen, und
Theoderich konnte den Boden unter den Füßen verlieren.

Im Jahre 518 kam in Byzanz Justinus zur Herrschaft und
mit ihm sein größerer Neffe Justinian zu Macht und Einfluß. Sie ließen die Kirchenpolitik des Henotikon fallen,
womit ihre Vorgänger den Westen, statt ihn zu unterjochen,
sich nur entfremdet hatten und auf die Dauer nicht einmal
im Osten zum Ziele gelangt waren. Nachdem man sich jetzt
jahrzehntelang auf beiden Seiten vergebens bemüht hatte,
die Einheit der Kirche wiederherzustellen, einigte sich jetzt

der Osten sehr bald mit Rom. Das Verhältnis zwischen Ost
und West besserte sich überhaupt; auch Theoderich schien
an der glücklichen Fügung Anteil zu erhalten. Die Sorge um
die Nachfolge, die bei seinem hohen Alter immer dringlicher
wurde, wich von ihm, als der neue Kaiser seinen Schwieger-
sohn Eutharich feierlich anerkannte, indem er ihn durch
Waffenleihe an Sohnes Statt annahm und mit ihm das Konsulat bekleidete. Noch im Jahre 522 wurde dem Westen eine
besondere Auszeichnung zuteil, als beide Konsuln aus dem
römischen Senat ernannt wurden. Es waren die Söhne des
Boethius. Und um dieselbe Zeit wurde Boethius selbst Magister officiorum am Hofe zu Ravenna, als sollte damit der
Bund zwischen Herrscher und Senat, zwischen Ravenna und
Rom bekräftigt werden.
Doch war damals Theoderichs Sache schon im Rückgang,
Byzanz am Gewinnen. Denn je mehr die Einheit des Reiches
zu Ehren kam, desto mehr spitzte sich der Gegensatz zwischen den Verfechtern der gotischen Sache und den bewuß-
ten Römern zu. Noch gefährlicher wurde der Gegensatz
dadurch, daß das Glück sich mehr und mehr von dem alten
Herrscher zu wenden schien. Nicht nur, daß in diesen Jahren
(521–523) einige seiner wichtigsten Verbündeten innerhalb
und außerhalb der Grenzen wegstarben, Männer der Kirche
wie Ennodius und Papst Hormisdas, die mit ihm im Kampf
gegen Ostrom gestanden hatten, und Könige wie Trasamund
der Vandale und Sigerich von Burgund, mit denen er den
Bund der germanischen Könige geschlossen hatte: schlimmer
noch war der Tod des Thronfolgers Eutharich (523). Was
sollte aus Italien werden, wenn Theoderich sterben würde?
Es ist kaum anders möglich, die Gegensätze müssen sich im
Hinblick auf die herannahenden Entscheidungen bösartig
verschärft haben. Theoderich hatte es im Laufe der Zeit
verstanden, einen Kreis von fähigen, zuverlässigen Römern
an seinen Hof zu ziehen, die nicht an den altrömischen
Überlieferungen hingen und der Sache der Goten verschwo-
ren waren; ehrgeizige, tatkräftige Streber werden gewiß

ihre Rolle darunter gespielt haben. Diese mögen statt des redlichen, vermittelnden Cassiodor damals hervorgetreten sein. Auf der anderen Seite wird das freimütige Eintreten des neuen Kanzlers Boethius für Recht und Gerechtigkeit ohne behutsam-kluge Rücksicht auf die Machtverhältnisse bei Hofe auch nicht dazu beigetragen haben, die Gegensätze zu dämpfen. So ist es zu dem Unheil gekommen, das erst Boethius und Symmachus in das Verderben geführt und dann jahrzehntelang nicht aufgehört hat, bis der römische Senat mit allem, was er bis dahin durch die Zeiten getragen hatte, aber auch das Lebenswerk Theoderichs, die Goten-herrschaft in Italien, zugrunde gerichtet war.

Es begann damit, daß man im Jahre 523 einen sehr vorneh-men römischen Würdenträger, Albinus, beschuldigte, mit dem Kaiser einen Briefwechsel geführt zu haben, der gegen Theoderichs Herrschaft gerichtet gewesen sei. Boethius ver-bürgte sich für seine Unschuld und erklärte die Sache des Albinus für seine eigene und die des ganzen Senates. Anstatt aber dadurch die Anklage zum Schweigen zu bringen, zog er sie auf sich und den Senat. Der Senat entzog sich der Gefahr, die über ihm schwebte, indem er Boethius fallenließ; er hat in irgendeiner Weise sogar mitgewirkt, ihn zu verurteilen. Gehört wurde Boethius nicht. Theoderich, der wohl denken mochte, daß man schon vor seinem Tode seine Herrschaft verhandelte, verlor die sichere Ruhe, die ihn so lange aus-gezeichnet hatte, und erzwang das Todesurteil. Er ließ es nach langem Zögern in der zweiten Hälfte des Jahres 524 sogar vollziehen. Es ist doch wohl, auf das Wesentliche, die Frage des Hochverrats, gesehen, ein Justizmord gewesen, der, wie sich in der Folge gezeigt hat, nicht einmal durch heilsame Folgen gerechtfertigt scheinen kann.

Die nächste Folge war vielmehr die, daß die ganze gesittete Welt aufgebracht war. Das gute Verhältnis zu den Römern, so lange behutsam gepflegt, war für immer dahin. Im Ost-reich begannen Vergeltungsmaßnahmen gegen die gotischen Arianer. Dadurch mußten die Gefühle der Römer, die sich in

ihrer Not nicht vom Kaiser verlassen sahen, noch mehr hin-
über nach Byzanz gelenkt werden.

Früher hatten Theoderich und die Römer gegen Byzanz zu-
sammengestanden. Jetzt standen Byzanz und Rom zusammen gegen Theoderich. Seine Macht war untergraben. Die
ravennatische Hofpartei konnte nichts daran ändern; sie war
dem eigentlichen Rom entfremdet.

Theoderich versuchte es mit der Gewalt. Er ließ Symmachus
verfolgen und hinrichten. Endlich zwang er den Papst Jo-
hannes, selbst als Gesandter Theoderichs in Konstantinopel
auf den Kaiser einzuwirken, daß er seine Maßnahmen gegen
die Arianer zurücknehme. Auch diese Gesandtschaft war ein
Fehlschlag. Nach der Rückkehr ließ der König die Gesandten gefangensetzen. Der Papst starb in der Haft. Es war
so gut wie alles verdorben, als Theoderich im Jahre 527
starb.

Die neue Regierung, die Theoderichs Tochter Amalaswintha
im Namen seines Enkels leitete, lenkte zwar ein, entließ die
Männer, die gegen Boethius gehetzt hatten, und setzte die
Familien des Boethius und des Symmachus wieder in ihre
Rechte ein. Auch Byzanz schien unter dem neuen Kaiser
Justinian (527) nicht unversöhnlich. Aber in Ravenna
drängte die gotische Partei vorwärts. Die Verhältnisse waren
in Bewegung gekommen; niemand hat sie aufzuhalten vermocht. Amalaswinthas wechselnde Versuche, sich bald mit
dieser, bald mit jener Hilfe zu behaupten, wobei sie einmal
sogar beim Kaiser Rückhalt gesucht hat, zeugen bei aller
ihrer Klugheit und Tatkraft von Unsicherheit. Und nach
ihrem Tode wurde Rom vollends auf die Seite von Byzanz
gedrängt.

Der Kaiser hat diese Verhältnisse mit unbeirrbarem Blick
auf das Ziel klug benutzt und befördert. Nachdem er (533)
Afrika zurückgewonnen hatte, war es im Jahre 535 so weit,
daß er kriegerisch eingreifen konnte. Man kennt den »Kampf
um Rom«, der nun fast zwei Jahrzehnte lang geführt worden ist. Schon im Jahre 540 war Italien zum guten Teil

kaiserlich. Im weiteren Verlauf des Krieges ist das, was man im volleren Sinne Rom nennen kann, zwischen den Goten, die nun ganz ohne angesehene Römer auszukommen suchten, und den Byzantinern, die Italien als eroberte Provinz behandelten, aufgerieben, der Senat durch Drohungen und Gewalt gedemütigt worden, verarmt und durch Hinrichtungen zusammengeschmolzen. Der letzte Rest der Res publica ist damit zu Ende gegangen, eines der großen Dinge des Altertums erloschen.

So sind die beiden Partner im Staat Theoderichs gleichzeitig zugrunde gegangen. Rom und Italien sind von da an entvölkert, verödet und kümmerlich gewesen. Was die Gotenkriege übriggelassen hatten, fiel, schwach wie es war, teils der Rücksichtslosigkeit der Langobarden, teils der Despotie von Byzanz anheim. Nur die Kirche hielt sich aufrecht.

Hätte Boethius länger gelebt und wäre ihm die Zeit weiter günstig gewesen, so hätte er wohl mehr von dem Plan ausgeführt, den er im Vorwort eines erhaltenen Werkes mitteilt. Die wirklich vollendeten, zum Teil erhaltenen Arbeiten, vorbereitende Schriften über das »Quadrivium« Arithmetik, Musik, Geometrie und Astronomie, und ein logisches Organon, aus den übersetzten, zum Teil erläuterten logischen Lehrschriften des Aristoteles, aus Kommentaren zu Cicero und Porphyrios' Lehrbüchern und aus einer Reihe eigener Werke des Boethius bestehend, sollten nur den kleinen Teil eines gewaltigen Lebenswerkes ausmachen, worin sich die ganze platonisch-aristotelische Philosophie in lateinischer Sprache darstellen würde. Der ganze Aristoteles, zum Teil erläutert, sollte darin enthalten sein, dann der ganze Plato, ebenfalls wenigstens teilweise erläutert, und schließlich der Nachweis, daß beide Meister nicht, wie man gewöhnlich sagte, in allen Stücken auseinandergehen, sondern in den meisten übereinstimmen. Der lateinische Westen, der achthundert Jahre lang um die griechische Geisteswelt geworben hatte, sollte sich nun endlich auch die tiefsten Brunnen der

Philosophie aneignen. Der gewaltsame Tod des Boethius hat das vereitelt, und um dieses Schicksals willen haben sich sechs weitere Jahrhunderte ohne den ganzen Aristoteles, hat sich fast ein Jahrtausend ohne Plato forthelfen müssen. Dafür hat freilich das Mißgeschick Boethius gedrängt, viel vom Besten, was er von der Philosophie in sich trug, dem *Trost der Philosophie* mitzuteilen, und so geborgen ist es den Jahrhunderten zugute gekommen.[6]

Aber der *Trost der Philosophie* ist mehr als ein Notbehelf. Er gehört zu den Werken, in denen der Menschengeist über Verfall und Zusammenbruch seiner Daseinssphäre den Sieg gewinnt. Erst der Boethius des *Trostes* zählt zu den großen Entsagenden, denen es gegeben ist, Verlust in Verzicht, Zwang in Freiheit umzuwandeln und einem hoffnungslosen Schicksal etwas abzugewinnen, was gleichsam mit eigenem Leben ausgerüstet strahlkräftig, helfend und heilend fruchtbar die Zeiten überdauert. Platon, Cicero, Augustin gehören, jeder auf seine Weise, dazu, und zu Boethius gesellen sich, von anderen abgesehen, zwei bedeutende Zeitgenossen, der heilige Benedikt und Cassiodor, der die Studien in die Hut des Klosters genommen hat.

In dem eben Gesagten ist schon angedeutet, daß das Anliegen des *Trostes der Philosophie* eine gemeinsame Menschenangelegenheit ist. Denn es liegt in unserem zeitlichen Dasein überhaupt, daß die Macht des unberechenbaren Wechsels, Fortuna, den Menschen stürzt, das Innere lähmt, mit dem äußeren Halt auch den inneren wegreißt, Überzeugungen vergessen läßt, Lebensbezüge zu geistig erfahrener Wirklichkeit abreißt und dem unmittelbaren, übermächtigen Eindruck gegenwärtiger Dinge ausliefert, der Verführung oder auch dem Schrecken und dem Schmerz. Aber es liegt andrerseits auch in uns allen, daß wir dieser unheimlichen Macht des wirren Wechsels nicht ganz verfallen, sondern auf etwas Verläßliches, Beständiges, Ewiges angewiesen sind, mag der Anteil, den wir daran gewinnen, bedeutender oder geringer sein. So wenig wir das Gedächtnis und den Begriff der Dauer

aus uns fortdenken können, so wenig mögen wir auf das
Verlangen verzichten, daß etwas sei, was selbst im äußersten
Fall standhalte, daß das Gute, dessen wir einmal innege-
worden, der wechselnden Zeit zum Trotz sich stark erweise,
ja, daß womöglich die Macht Fortunens selbst davon umfaßt
und darin aufgehoben sei und daß auch wir darin festen
Stand finden; daß wir immer neu aus dem wirren Wechsel
wieder zurückgeführt werden zum Festen, Bleibenden wie in
eine Heimat. Das ist es nun aber gerade, worum es im *Trost
der Philosophie* geht. Es stellt sich in einer Lebenslage dar,
die außergewöhnlich scheint, worin aber doch nur eine allgemeine Not bis zum äußersten geht. Darum ist das Anliegen
des Werkes jedem nahe und bedarf des Erklärers nicht. Die
Erfahrungen und Erkenntnisse des Boethius, in Todesnähe
bewährt, vermögen einem jeden zu helfen.
Aber die Weise der alten Philosophie, ihre Sprache vor allem, enthält neben manchem, was sogleich vertraut ist, auch
vieles, was erst entdeckt sein will. Es wäre wunderlich, wenn
es anders wäre, da doch fast anderthalb Jahrtausende zwischen dem Werk und uns liegen. Auch die Verhältnisse und
Bezüge, all das, was zwischen den Teilen schwebt, ist nicht
ohne weiteres faßbar. Wie alle bedeutenden Werke alter
Zeit braucht auch dieses ein betrachtendes Lesen. Dabei kann
und muß jeder Leser selbst das Beste tun. Immerhin werden
vielleicht einige Hinweise nicht ganz unnütz sein. Besonders
gilt es, zu zeigen, daß das Feinste, Eigenste sich nur dem
Blick erschließt, der ein vielgestuftes Ganzes, die Einheit in
der Fülle wahrnimmt.
Vor allem ist überall zu bedenken, daß nichts in diesem
Buche als »bloßer Gedanke« gemeint ist, als leeres Erzeugnis
eines Hirns. Jeder Gedanke ist vielmehr für Boethius an ein
bestimmtes Sein im Denkenden gebunden, er setzt den Denkenden in ein Seinsverhältnis zu Wirklichkeiten und wirkt
auf den Denkenden zurück, versetzt ihn auf höhere oder
niedere Stufen des Seins. Und alles, was zwischen der Philosophie und ihrem Schüler vor sich geht, ist ein wirklicher

Vorgang, worin der Boethius, der sich am Anfang darstellt, verwandelt wird.

Die Klage des Boethius im vierten Kapitel des ersten Buches und in dem darauf folgenden bedeutendsten Gedicht dieses Buches (»Du des Rundes Herr ...«) führt weit über das einzelne Unrecht hinaus, das man dem Boethius angetan, über den Schaden, den man ihm persönlich zugefügt hat. Die Sache des Guten in der Welt überhaupt scheint auf dem Spiel zu stehen und damit zugleich auch die Sache der Philosophie. In seinem Fall spürt Boethius das Furchtbare, daß der Mensch an dem befriedeten, durch unverbrüchliche Gesetze gebundenen Zustand der Sternsphären keinen Anteil hat, ausgeschlossen ist von dem großen Bund, durch den Gott den Himmel lenkt, der wirren Schicksalsmacht preisgegeben. Innen wie außen ist dem Gestürzten viel zerbrochen, und nicht der äußere Wandel, sondern der innere ist das eigentlich Schlimme. Die Philosophie gibt den Trost, der gegen diese tiefste Not hilft, erst spät. Sie macht es wie der Arzt, der, nachdem das Übel in seinem Ausmaß erkannt ist, erst allmählich den kranken Leib in den Stand setzt, auf stärkere Heilmittel anzusprechen, die ihm dann am Ende zur Gesundheit verhelfen. Der Sinn für gestufte Ordnung und rechte Folge, der sich hierin kundgibt, zeichnet die Anlage des ganzen Werkes aus.

So hat es denn die Philosophie im zweiten Buch zuerst einmal mit dem einfachen Schmerz um die verlorene Glücksstellung und alle dazugehörigen Güter zu tun. Sie hält dem Klagenden vor, wie wenig der Mensch recht hat, wenn er darum mit dem Schicksal hadert. Die Einsicht, daß das einmal so ist und daß der Mensch es wissen muß, tröstet zwar nur wenig, doch nimmt sie wenigstens der Anklage die innere Sicherheit.

Wenn dann dem Boethius vorgehalten wird, was ihm Fortuna in seinem Leben doch alles gegeben hat und was sie schließlich ihm noch gelassen, so geschieht das scheinbar, um ihn mit ihr auszusöhnen. In Wirklichkeit führt es nur dazu,

daß er den Mangel an Vollkommenheit und Dauer der
Glücksgüter um so schmerzlicher empfindet und fühlt, wie
wenig Fortuna zu geben hat. Er ist dafür vorbereitet, in sich
selbst zurückzugehen. Hier deutet sich zum ersten Male die
Umkehr des Blickes und des Strebens an, worauf der Trost
der Philosophie überhaupt hinausläuft.

So kann denn in der zweiten Hälfte des Buches – denn die
Zweiteilung ist deutlich und bewußt im Großen wie im
Kleinen als Grundverhältnis in der Harmonie dieses Buches
gewählt – die Philosophie daran gehen, ihren Schüler von
den Geschenken Fortunas innerlich abzulösen, indem sie sie
entweder entwertet oder fernrückt. Sie zeigt nämlich, daß
diese Güter dem Menschen nicht wahrhaft eigen sein können,
oder daß sie an sich nicht begehrenswert sind. Dabei nimmt
sie die Glücksgaben in der herkömmlichen Folge nacheinander vor, von den minder edlen zu den edleren: Reichtum
aller Art, Würde und Macht und endlich Ruhm. Überall ist
es hier darauf abgesehen, zu trennen, abzusprechen, zu verurteilen, und schon daran erkennt der Leser, daß dies alles
nur etwas Vorläufiges sein kann. Doch fehlt es auch hier
nicht an Worten, die darüber hinausweisen. So ist etwa von
dem gottähnlichen Wesen der Menschen, wie es Gott begründet hat, die Rede, das der Mensch herabwürdigt, wenn
er sich von dem, was unter ihm ist, abhängig macht und sich
ihm damit unterordnet. An einer anderen Stelle deutet die
Philosophie die Ursache davon an, daß Reichtum nicht reich,
Würden nicht würdig, Macht nicht mächtig macht: was man
gewöhnlich Reichtum, Würden, Macht nennt, ist es in Wahrheit gar nicht. Endlich fällt am Schlusse des Buches in dem
Lob des Mißgeschickes das Wort von der Heimkehr zu den
wahren Gütern. An allen diesen Stellen deutet sich auf der
Seite des Menschen wie der Gegenstände hinter dem Irrtum
und dem Entstellten eine Wahrheit, eine Richtigkeit an, die
erst in der weiteren Folge ganz hervortreten wird. Einst-
weilen ahnt der Leser, daß all dies Verneinen nicht um seiner
selbst willen geschieht, sondern weiter zielt.

Auch das Schlußgedicht dieses Buches, das wichtigste in seinem Verlauf, klingt tröstlich und verheißend aus, indem es
beim Gedenken an die Freunde, die, im Unglück bewährt,
geblieben sind, dem Menschengeschlecht, das in dem klagenden Gedicht des ersten Buches (»Du des Rundes Herr ...«)
von der Friedensordnung der Welt ausgeschlossen schien,
Anteil an der himmlischen Liebesordnung verspricht, unter
der Bedingung freilich, daß es sie in seinem Innern herrschen
läßt.
Was im dritten Buche vor sich geht, sieht weithin in acht von
den zwölf Kapiteln dieses Buches – den heilenden Maßnahmen der Philosophie in der zweiten Hälfte des vorigen
Buches überaus ähnlich: auch jetzt läuft es darauf hinaus,
die äußeren Güter zu entwerten. Aber dabei ist die Absicht
verschieden, nicht mehr bloß, den schmerzbringenden Hang
zu den Glücksgütern einfach loszuwerden, sondern am Ver-
fehlten das eigentlich Gesuchte, Gemeinte abzulesen, Einsicht
in den wahren Sinn des Wollens und Strebens zu gewinnen.
Ist im Kampf gegen die »Fortuna« im zweiten Buch die
Weise der Stoiker im Spiel, das Elementare so weit wie
möglich zu verneinen, so ist das dritte nach Denkart und
Verfahrensweise, nach Gehalt und Form platonisch. Was
den Menschen Glück zu verheißen scheint, Reichtum, Würden, Macht usw., das ist nur ein trügerisches Abbild des
wahren Glückes. Wohl zieht eine Traumahnung des Wahren
den Menschen, aber indem er ihr nachgeht, täuscht sich sein
Blick, und er nimmt Trugbilder für das, was er eigentlich
sucht. So tappt er wie im Schlafe. Aber die Philosophie lehrt
ihn, die Trugbilder für Abbilder zu nehmen und darin zu
lesen, seinen Blick zu üben und schließlich »auf die andere
Seite« zu wenden, wo das Wahre ist. Das alles und manches,
was damit zusammenhängt, ist platonisch; das meiste stammt
aus dem Gleichnis von den Gefangenen in unterirdischen
Räumen, von der Umkehr des Blickes und vom Aufstieg an
das Tageslicht, womit Platon in der Mitte des *Staates* seine
eigenste philosophische Erfahrung bezeichnet hat. Auch der

Aufstieg stufenweis bis zur »Quelle des Guten« bei Boethius ist nichts anderes als der platonische Aufstieg der Seele in der Richtung auf das, wovon zugleich Wahrheit und das Gute ausgeht. Auch ein anderes Gleichnis Platos fehlt nicht: Erkennen ist Erinnern an das, was die Seele einst geschaut hat.

Auf das Ganze gesehen liegt der platonische Charakter dieses Buches hauptsächlich in dem entschiedenen Drang über das hinaus, was sich stofflich aufdrängt, zu dem, was geistig erfaßbar ist, wobei aber doch auch das sinnlich Erfahrene in gewissem Sinne seinen Stand behauptet; denn ist es gleich nur Trugbild, so ist es immerhin auch Abbild und erinnert an das Wahre, und nichts anderes kann die Erinnerung daran wecken.

In den platonischen Dialogen spricht sich immer wieder die Grunderfahrung aus, daß es mißlingt, wenn die Menschen versuchen, das, was sich stofflich darbietet, für wahr zu nehmen und im Leben damit auszukommen; sie verwirren sich in Widersprüchen und geraten ins Unglück. Überhaupt kommt niemand zu etwas Verläßlichem, der sich an den stofflichen Inhalt statt an die Wesensform hält. Man erinnert sich, wie heillos immer die Unterredner des Sokrates am Ziel vorbeitappen, wenn sie eine Tugend zu erfassen suchen, bis Sokrates im *Staate* die Wesensform als das allein Faßbare an die Stelle des schwankenden Inhalts setzt. Ähnlich greifen bei Boethius die Menschen daneben, wenn sie nach Glück langen und dafür das, was sich als sein stofflicher Inhalt anzubieten scheint, nehmen: Reichtum, Macht usw. Um sich vor diesen Enttäuschungen zu bewahren, gilt es, das Genügen, das Können usw. als das eigentlich Gesuchte zu erkennen und noch dahinter zurückzugreifen auf die Einheit von alledem. Jeder Versuch, einen Teil davon gesondert zu erfassen, teilt, also verstofflicht das Gesuchte und wiederholt nur auf höherer Stufe den alten Irrtum und das alte Mißlingen. So reicht das wahre Glück über alles Sterbliche hinaus; es ist göttlich, ja Gott selbst, und Teilhaben an der Göttlich-

keit verbürgt dem sterblichen Menschen allein Anteil an dem
wahren Glück.
Diese platonisierende Lehre vom Glück ist auf Schritt und
Tritt Platons Gedanken über die Tugend, besonders im
Staat, nahe. Doch ist eines sehr eigen, verglichen mit der
Lehre sämtlicher älterer Philosophen über den Gegenstand,
wie sie am eindringlichsten im *Protreptikos* des Aristoteles[7]
vorgetragen worden ist, in dessen Nähe sich sonst sehr vieles
bei Boethius hält. Sobald nämlich Aristoteles und die übrigen
die Güter entwertet haben, denen die Menge nachgeht, führen sie die Tugend des philosophischen Menschen ein, um zu
zeigen, daß diese allein es ist, die das Grundverlangen aller
zu erfüllen und das Glück zu erreichen vermag. Hier bei
Boethius aber ist es Gott. Wohl erwähnt auch Boethius in
diesem Zusammenhang den Menschen, der an göttlicher Art
teil hat, und auf der anderen Seite würden wohl auch Aristoteles und seine Nachfolger zustimmen, wenn das Vollkommene im Menschen etwas Göttliches genannt würde.
Allein der Unterschied ist dennoch für den Kenner der alten
Philosophie bedeutend. Nur in Augustins christlichem Plato-
nismus geht der Schritt ebenso von den Trugbildern des
Glückes zu Gott. Also ist Boethius wohl auch hier Schüler
des großen Lehrers, zu dem er sich auch im Vorwort seiner
theologischen Abhandlung über die Heilige Dreifaltigkeit
bekennt, wo er sagt: »Ihr mögt aber auch darauf achten, ob
die Gedankensamen, die aus den Schriften des hl. Augustinus
in mich gekommen sind, wohl Frucht getragen haben.« Im
übrigen verfährt Boethius ganz nach der Weise der griechi-
schen Philosophie und vor allem Platons; das Gespräch der
Philosophie mit ihrem Schüler ist bis in hundert Einzelheiten
hinein ein platonisierender Dialog.
Dabei ist in manchen Stücken der späte Platoniker nicht zu
verkennen, etwa in den Abschnitten, worin das Eine als das
Gute gepriesen ist, vor allem aber in dem gedankenschweren
Gebet »Du, der das Weltall ...«. Diese Verse enthalten in
ihrem Preis des Weltschöpfers den Inbegriff des Platonischen

Timaios, etwa so wie Proklos ihn verstanden hat. Sie rühmen Gott, indem sie darstellen, wie Zeit und das Zeitliche
stufenweis abbildlich vom Ewigen herkommen, wie auf
diesem Wege Weltseele und die Einzelseelen in der Welt
werden und wie all dieses, herausgetreten in die Zeit, doch
auch auf das Ewige zurückbezogen bleibt. So vergegenwärtigt das Gedicht wie der Platonische *Timaios* den göttlichen
Sinn von Welt und Natur, um der Menschenseele ihre
Stelle darin anzuweisen. Indem es so dessen inne wird,
daß der Mensch mit der ganzen Schöpfung vom Ewigen
herkommt und wieder zurück zu Gott gewandt ist, fügt
es den Menschen betend in diese Bewegung von und zu Gott
ein.

Boethius wird jetzt, aus dem Grund eines wahren Wesens
heraus dem wahren Gut zugewandt, nicht mehr den Verlust
dessen, was ihm Fortuna gegeben und genommen hat, und
den jähen Wechsel bejammern. Über sich selbst und sein
Geschick mag er wohl beruhigt sein. Ja, nachdem der Gedanke über alles Irdische hinausgedrungen ist und in Gott
das geheime Ziel alles dumpfen Glücksstrebens erkannt hat,
erscheint auch der Lauf der Welt am Ende des dritten Buches
wieder in die göttliche Ordnung einbezogen. Alles Leben
und Streben auf Erden ist nämlich durch die Natur vom
höchsten Guten geleitet, das Übel ins Nichtige, in das Nichts
aufgelöst. Und so könnte auch des Boethius tieferer Kummer, der in seinem Fall den Ausschluß des Menschen aus
Gottes Friedensordnung zu erleben meinte, behoben scheinen.
Aber Boethius vermag noch nicht die allgemeine Erkenntnis,
die rasch im höchsten Aufschwung des Gedankens gewonnen
ist, auf die konkreten Verhältnisse anzuwenden, die ihn irre
gemacht haben. Er kommt nicht darüber hinweg, daß die
Verworfenheit obenauf und menschlicher Wert ihr unbelohnt
und schwach preisgegeben ist. Das Wirrsal der Fortuna ist
noch nicht aufgelöst. Und so knüpft die Philosophie nun im
vierten Buche an die Erkenntnis, daß der angeborene Trieb
aller Wesen auf das Gute gerichtet ist, den großen platoni-

schen Gedanken aus dem *Gorgias*, daß die Schlechten das
Ziel ihres Wollens – das eben, ob sie es wissen oder nicht,
das Gute ist – verfehlen und die Guten es erreichen, daß also
die Schlechten notwendig ohnmächtig und die Guten mächtig
sind. Und sie ergänzt ihn, indem sie, wieder mit dem
Gorgias, zeigt, daß das Gutsein den verdienten Lohn, das
Schlechtsein seine Strafe immer erhält oder vielmehr schon
hat. Vier Paradoxa aus dem *Gorgias* spitzen endlich diesen
letzten Satz auf das Äußerste zu.

Ist das alles bei Plato darauf abgestellt, einen Gegner, der
sich frech an ehrwürdigen Werten vergreift, zu fangen, daß
er, ohne recht zu wissen, wie ihm geschieht, die Wahrheit
bekennen muß, so hat Boethius es so einzurichten gewußt,
daß der Schüler der Philosophie die Wahrheit auch einsieht.
Sie zeigt ihm, daß der Schlechte einen Verlust an Seinsfülle
erleidet, weil »Sein« heißt: sein Wesen bewahren und seine
Stelle in der Ordnung der Wesen behaupten, und weil der
Schlechte unter die menschliche Würde hinabsinkt. Lohn und
Strafe liegen darin, was man nach seinem eigenen Verhalten
ist und wird. Freilich ist das eine Wahrheit, die nicht allen
zugänglich ist. Um sie zu verstehen, darf man nicht eigentlich
menschlichen Wert, menschliches Sein und damit gewissermaßen menschlichen Blick verloren haben. Darauf beruht ja
die platonische und jede der platonischen ähnliche Ansicht
vom Glück; es kann nur der sie wahrhaft teilen, der sein
besseres Selbst nicht verloren hat, es vielmehr als festeste
Wirklichkeit besitzt und Heil und Unheil danach zu bemes-
sen vermag, ob dieser Wesenskern heil oder beschädigt ist.
Aber eine Wahrheit bleibt auch dann Wahrheit, wenn noch
so viele dafür blind sind und wenn man, um sie zu erkennen,
sein menschliches Wesen unversehrt bewahren oder wieder-
herstellen muß.

Mit diesen Betrachtungen ist vollends alles Bittere, was
Boethius betroffen hat, und aller Erfolg seiner Feinde um-
gewertet. Er aber beruhigt sich auch dabei noch nicht. Es
bezeichnet seine Art, daß es ihm nicht genügt, abzutun, was

ihn bedrängt; es muß zuletzt auf Gottes Friedensordnung bezogen und darin mit aufgehoben sein. So macht ihm auch nach dem umwertenden Verzicht das unaufgelöste Rätsel noch Unruhe, daß unterhalb des Sittlichen im niederen Bereich Fortunens, wo das Annehmliche doch immerhin einen begründeten Vorzug vor dem Harten behauptet, das blinde Ungefähr zu herrschen scheint, daß in der äußeren Welt Lohn und Strafe, die doch auf Gut und Schlecht zielen, widersinnig verteilt sind. Die Philosophie hilft ihm aus der Not, indem sie Fortuna, die wechselnde, blinde Schicksalsmacht, die nun hier nicht schenkend und nehmend, sondern verteilend vorgestellt ist, auf das Fatum, die Schicksalsordnung, und letzten Endes auf die Providentia, die göttliche Vorsehung, zurückführt.

Hier beginnen nun neuplatonische Gedanken; freilich im christlichen Sinne und wohl auch dem römischen Empfinden gemäß vereinfacht, ohne die vielfachen Stufen des Geisterreichs der neuplatonischen Schule. Auch die Form wechselt; von hier an teilt die Philosophie ihre Wahrheiten in zusammenhängender Rede mit.

Die beiden Worte Schicksal (fatum) und Vorsehung (providentia) bezeichnen ein und dasselbe. Vorsehung heißt es, wenn man es von der Einheit des göttlichen Geistes aus zu begreifen sucht, Schicksal, wenn man es von der Vielfältigkeit der wechselnden Ereignisse her nimmt. Es kommt nun darauf an, in allem Schicksal nicht so sehr das Verkehrte zu beachten, welches das menschliche Irren, ein Mangel also, hineinbringt und das im Grunde gar kein Etwas ist, sondern das, was darin allein ein Etwas und faßbar ist: nämlich das Feste, Bestimmte, Gesetzmäßige. Die mannigfach bestimmte Art und Weise, in der etwas gerade so und nicht anders geschieht, kommt von der göttlichen Unwandelbarkeit her; sie gibt ihm, trotz allem Hang, ins Unfaßbare, Wirre und Wesenlose zu entgleiten, dennoch Halt und dadurch einen gewissen Bezug zum Guten. Fällt jemand mit seinem Tun durch seinen eigenen Fehler aus seiner eigentlichen, ihm zu-

gewiesenen Gesetzesordnung, so wird er und was er tut sogleich von einer anderen aufgefangen, worin er nun doch
wieder der alles umfassenden Ordnung dient. Überblicken
kann man das alles nur von der göttlichen Vorsehung aus,
aber die Philosophie vermag doch wenigstens Fälle vorzu-
stellen, an denen man sich deutlich machen kann, wie die
Vorsehung mancherlei auch wunderliche Schicksale zu ihren
Zwecken benutzt. Gewiß ist das eine, daß von dort aus gesehen alles zum Guten gewandt ist und nichts Böses übrig-
bleibt. Man darf diesen Gedanken so ergänzen: je mehr
jemand sein Denken der göttlichen Vorsehung nähert und
gewissermaßen darein aufnehmen läßt, desto mehr gilt auch
für ihn, daß alles, auch das scheinbar widersinnige Geschehen,
zum Guten dient. Auf diesen inneren Vollzug, auf dieses
Umdenken kommt also auch hier wie an allen entscheiden-
den Stellen alles an. Und wie in den Betrachtungen des
dritten Buches bei solchem Umdenken das Böse in das
Nichtige, ja in das Nichts sinkt und verschwindet, so geschieht es auch hier.
Im Anschauen von Gottes allumfassender Friedensordnung
ist hier wie in den vorangegangenen beiden Büchern ein
Höchstes erreicht. Die Klage, daß der Mensch davon ausgeschlossen und einer blinden, unabhängigen Schicksalsmacht
ausgeliefert sei, ist nun wirklich beschwichtigt. Und so
schließt denn auch das hymnisch preisende Gedicht, das vor-
letzte dieses vierten Buches, den klaffenden Riß, der sich in
dem Klagelied des ersten aufgetan hat. Schon die Versart
und die Zahl der Verse zeigen an, daß Boethius dies Gedicht
als Gegenstück zu dem früheren gemeint hat. Jetzt ist es
offenbar, daß nicht nur im Weltall draußen alles Wechselnde
sich zur Dauer fügt und das Gegensätzliche zum Einklang,
sondern daß auch auf Erden alle Lebewesen durch den Trieb,
der ihnen eingepflanzt ist, gewissermaßen von innen her im
Gefüge von Gottes Ordnung festgehalten werden. Die zu-
sammenhaltende Kraft, ob sie nun die Bestandteile der Welt
oder die lebenden Geschöpfe zum göttlichen Ursprung hin

lenkt, heißt hier Liebe; die Friedensordnung ist zugleich Liebesordnung. So entschleiert sich auch das Geheimnis des Schlußgedichts des zweiten Buches: »O beglückt ihr, der Menschen Geschlecht, wenn die Herzen die Liebe führt, so wie diese den Himmel lenkt.«

An allen diesen Stellen ist wohl auch eine Bitte des Vaterunsers mit gemeint: ». . . wie im Himmel, auch auf Erden.«

In dieser höchsten Anschauung, die im übrigen nicht in allen Stücken streng folgerichtig an die vorangegangenen Gedanken gefügt ist – sie ist den Grundgedanken der letzten beiden Abschnitte des dritten Buches näher verwandt –, findet am Ende des schweren Gedankenwegs der Geist Ruhe. Aber er verharrt nicht untätig darin. Es ist römische Art, wenn das Buch damit endet, daß es aufruft, sich kräftig zu rühren und das Schwere, Harte tapfer als bloßen Werkstoff der Weisheit zu nehmen, da es ja in des Menschen Hand gegeben sei, was er aus seinem Schicksal macht. Das Schlußgedicht hat etwas von den anfeuernden Worten eines römischen Feldherrn vor der Schlacht. Als Beispiel stellt es Herkules, das große Vorbild der Stoiker, hin; wie denn überhaupt der alte Bund zwischen Stoa und römischer Art sich in diesem tapferen Aufruf neu bewährt.

Nachdem vorher alles menschliche Tun und Geschehen dem Gesetz des Schicksals und der Vorsehung unterstellt und schließlich dann in das göttliche Wirken gewissermaßen eingebettet ist, hat der Schluß des vierten Buches den Gedanken wieder auf die Seite des Menschen und dessen eigenes Handeln gelenkt. Damit ist das Thema des letzten Buches vorbereitet, dessen Gedankenarbeit darauf hinausläuft, die von Gott her kommende Notwendigkeit mit der Freiheit des handelnden Menschen zu versöhnen und so gewissermaßen die Freiheit des Menschen zu wahren.

Ist der Mensch frei, sich zu entscheiden, da doch alles Geschehen Glied in der Schicksalskette und durch Gottes Vorsehung bestimmt ist? Wie um nur ja die Freiheit ganz und gar auszuschließen, wird am Anfang auch der Zufall nach

Aristoteles als unvorhergesehenes Zusammentreffen einer
Zweckhandlung mit einer anderen Ursachenreihe erklärt
und so in den lückenlosen, allumfassenden Zusammenhang
der Ursachen und Wirkungen eingefügt.

Danach antwortet ein kurzes, fast skizzenhaftes Kapitel auf
die alte Frage der Philosophie, ob auch die Willensregungen
im Menschen gebunden seien. Die Antwort fällt weder ganz
im Sinne Chrysipps[8] so aus, daß die innere Entscheidung
trotz der äußeren Ursachen, die sie veranlassen, frei sei, noch
im Sinne Platos so, daß am Anfang einmal ein freier Entschluß gestanden habe, aus dem dann freilich alles Weitere
notwendig folge. Vielmehr lehrt die Philosophie bei Boethius
so: Die Freiheit der Entscheidung ist eine wesenhafte Leistung der urteilenden, unterscheidenden Vernunft. Je unge-
störter ein mit Vernunft begabtes Wesen die Richtung der
Vernunft auf Gott hin innehält, desto freier ist es; je mehr
es der Vernunft entgegen abwärts in das Stoffliche sinkt,
desto weniger ist es frei.

Der Leser wird hier zuerst vermissen zu hören, wieso die
Freiheit vom Stofflichen Freiheit von der Kette des Schicksals ist. Doch erinnert er sich bald der Stelle im vierten
Buch, wo Schicksal und Vorsehung voneinander unterschieden sind. Schicksal (fatum) findet im Bereich des Stofflichen
statt; es ist der Bereich des mechanischen, wir könnten auch
sagen der naturwissenschaftlich faßbaren Ursachen. Im Bereich des Geistigen und Sittlichen herrscht nicht Schicksal
(fatum), sondern Sinn (das Sinnvolle; providentia), nicht
Zwang der mechanischen Ursache, sondern Freiheit, die der
Einsicht folgt. Freilich kann sich der Mensch, sofern er in
das Stoffliche hineinreicht, nie ganz den mechanischen Ursachen und dem Schicksal entziehen. Seine Freiheit ist in
jedem Falle beschränkt. Das Mehr oder Weniger ist das
Entscheidende. Und so käme es auch hier wieder darauf an,
worin der Mensch in der Hauptsache sein Leben lebt.

Viel weiter geht die Philosophie auf einen anderen Einwand
gegen die Freiheit der menschlichen Entscheidung ein, den

ihr Zögling breit und fachmännisch vorträgt, offenbar nun
ganz wieder zu sich selbst und seinem früheren Können
zurückgebracht. Das Vorwissen Gottes scheint die Freiheit
des Menschen auszuschließen. Den Schein dieses Zwiespaltes
zu überwinden, ist die letzte Aufgabe der Philosophie in der
zweiten Hälfte des Buches, drei inhaltsschweren, in Verfahren und Sprache dem inneren Bereich philosophischer For-
schung zugehörigen Kapiteln. In keinem anderen Teil seines
Werkes ringt Boethius so um eine Antwort, keiner ist so
bezeichnend für sein Anliegen, schwierige Gegenstände der
Theologie im Lichte der Philosophie zu erhellen, die er von
den Griechen gelernt hat.
Schon seit Aristoteles haben die Philosophen bemerkt, daß
die sichere Erkenntnis des Zukünftigen an die Bedingung
geknüpft ist, daß das zukünftige Ereignis schon in der Gegenwart durch seine Ursachen bestimmt und dadurch gewissermaßen schon mittelbar gegenwärtig sei. Auch die Orakel,
sagte man, sind daran gebunden. Diese Gedanken haben nun
später eine Rolle in dem Kampf um die menschliche Freiheit
in der Lehre vom Schicksal gespielt. In den Vordergrund
rückten sie, als das Christentum sich der Philosophie zu
bedienen begann; denn die Kette von Ursache und Wirkung
beschäftigt die Christen von Haus aus weniger. Das Vorauswissen stellte sich jetzt aber in diesem Zusammenhang anders
dar, nicht mehr als theoretisches Problem, sondern als Gegenstand des Glaubens. Die frühen Christen, die sich von
einem übermächtigen göttlichen Wirken getragen fühlten,
waren sich vor aller Philosophie dessen bewußt, daß Gott
um ihr Ergehen, um Heil und Unheil vorher wisse, so wie
jemand um seinen eigenen Ratschluß weiß. Dieser Glaube
war durch die heilige Schrift bezeugt und unabänderlich.
Wie sollte man es nun aber damit vereinigen, daß die Menschen sich zum Guten oder Bösen frei entscheiden? Oder
können die Menschen das etwa gar nicht? Fragte man später
noch in der Weise der alten Philosophie danach, ob Entschlüsse von Ursachen bestimmt sind, und ferner nach den

Bedingungen des Vorwissens, dann mußte man in die größte
Not kommen, wollte man der Freiheit des Menschen, sich
zu entscheiden, gewiß bleiben. Man hat auch wirklich jahr-
hundertelang schwer darum gerungen, am meisten Origenes
und Augustin. Origenes hat die Gefahr, mit der Gottes Vorwissen die Freiheit der Menschen zu bedrohen schien, zu
bannen gesucht, indem er zeigte, daß das Wissen seinen
Gegenstand nicht von sich abhängig mache, sondern selbst
davon abhänge. Augustin hat den Widerspruch dadurch aufgelöst, daß er den Begriff der Freiheit anders faßte und darunter nicht mehr die unentschiedene Möglichkeit als Gegensatz zu jedem Muß verstand, das, gleichgültig ob von außen
oder von innen, Entschluß und Handeln des Menschen von
vornherein festlegt, sondern nur das Gegenteil von dem
Muß, das dem handelnden Menschen wider seine Zustim-
mung und seinen Willen von einem fremden Willen auferlegt wird. So verstanden ist die Freiheit mit Gottes Vorwissen und mit der allumfassenden, von Ewigkeit her von ihm
vorbestimmten Ursachenreihe wohl vereinbar.
Boethius macht es sich mit dieser Not nicht leicht. Mit dem,
was Origenes und seine Nachfolger vorgebracht, gibt er sich
nicht zufrieden; er zeigt (im dritten Kapitel) ausführlich,
daß ihre Auskunft die Freiheit nicht retten kann. Augustins
Gedanken erörtert er gar nicht – obwohl er die Stelle im
neunten Kapitel des fünften Buches des *Gottesstaates* zu
kennen scheint –; sie kommen vielleicht deshalb für ihn nicht
in Betracht, weil er streng an dem alten Begriff der Freiheit
festhält. Und so sieht er denn, wofern er an Gottes Vorwissen glaubt, alle sittlichen Lebensordnungen sinnlos werden,
Lohn, Strafe und sittliches Verdienst; denn diese setzen ja
voraus, daß das, was geschehen ist, auch anders hätte aus-
fallen können. Aus demselben Grunde werden Hoffnung
und Gebet sinnlos, Gott und Mensch auseinandergerissen.
Das Gebet im Verhältnis zur Notwendigkeit des Weltge-
schehens ist im Verlauf des menschlichen Nachdenkens erst
im dritten Jahrhundert n. Chr. bedacht worden. Daß aber

ein allumfassender Schicksalszwang die staatlich-sittliche
Lebensordnung aufheben würde, gilt seit den Zeiten der
alten Stoa als Hauptgrund gegen die Unfreiheit, der gar
nicht in Frage gezogen wird. Für Boethius steht wie für die
anderen christlichen Philosophen umgekehrt Gottes schran-
kenloses Vorwissen fest, er zweifelt nicht nur an der Freiheit,
sondern an den menschlichen Lebensordnungen. So wird bei
ihm das sicherste Beweisstück der Philosophen zur bangen
Klage. Die Angst vor dem Wirrsal, die Not um die Gott-
verlassenheit des menschlichen Lebens spricht sich auch hierin
aus.

Diesen Denkzwiespalt überwindet die Philosophie durch
einen Gedanken, der Origenes und die Alten, die das Vorauswissen auf vorbestimmte Gegenstände eingeschränkt hatten, bedeutend überholt und zu den eigensten des ausgehenden Altertums gehört. Die freie Wahl bei unentschiedenem
Ausgang ist der eigentümlichen menschlichen Daseinsstufe
zugeordnet; auf der einen Seite ist nämlich die Entscheidung
eine wesenhafte Leistung des unterscheidenden Geistes, auf
der anderen Seite setzt die Lage der Entscheidung eines
Unentschiedenen die Zeitlichkeit voraus. Gottes »Vorwissen«
aber ist nicht von den Bedingungen der Zeitlichkeit eingeschränkt, sondern seiner anderen Wesensart entsprechend
etwas ganz anderes. Die Widersprüche, worein sich die früheren Denker verwickelt haben, kommen daher, daß sie sich
dessen nicht bewußt gewesen sind, daß es sich um zwei
verschiedene, einander über- und untergeordnete Daseins-
und Erkenntnisweisen handeln muß. Vom göttlichen Vorwissen haben sie gesprochen, als handle es sich um das Wissen zeitlicher Wesen. Für ein zeitliches Dasein gilt allerdings
die Einschränkung des Vorwissens auf das, was in der Zeit
vorher schon feststeht, also unfrei ist. Und im Bereich des
Zeitlichen ist allerdings der Gedanke des Origenes unmöglich, daß Gottes Vorwissen den freien Entschlüssen und
Handlungen das Merkmal der Freiheit nicht nimmt, denn im
Zeitlichen kommt man nicht darum herum, daß das Vor-

wissen unvereinbar mit der unentschiedenen Zukunft ist, mag nun das Vorwissen unmittelbar das Zukünftige bestimmen oder mittelbar mit seiner Bestimmtheit zusammenhängen. Gott aber ist ewig, nicht nur von unendlicher Zeitdauer, sondern dem Nacheinander der Zeit enthoben, im gegenwarthaften vollen Besitz alles Seins, das im endlosen Lauf der Zeit auseinandergelegt vorkommen kann. Auch wenn er erkennt, so ist in seinem Blick die unzerlegte Einheit dessen beieinander, was in der Zeit im Nacheinander zerstückt ist. Sein Erkennen des Zeitlichen ist kein Erkennen in den Maßen der Zeitlichkeit; denn die Erkenntnisart richtet sich nach der Wesensart des Erkennenden, nicht des Erkannten. Für ihn gibt es den Unterschied zwischen Gegenwart und Zukunft und alles, was daran hängt, höchstens sozusagen als Strukturmerkmal eines fremden Daseins, aber nicht als Erkenntnisgrundlage. Darum ist der Ausdruck »Vorwissen« eigentlich falsch. Was für uns zukünftig ist, ist für ihn schlechthin da, auch für sein Wissen. Darum verlieren aber die Phänomene der Zeitlichkeit in ihrem eigenen Bereich nicht ihren guten Sinn, also auch die Freiheit nicht, die überhaupt nur dort ihre Stelle hat. Jetzt erst, nachdem man die beiden Bereiche unterschieden hat, darf man mit Origenes sagen, daß Gottes Wissen den Charakter der freien Entschlüsse nicht antastet; jetzt erst darf man gegen die Alten sagen, daß die unentschiedene Zukunft unentschieden bleibt und doch einer sicheren Erkenntnis zugänglich ist.

Das Wesentliche dieses kühnen, tiefen Gedankens hat Boethius nicht zuerst entdeckt. Man findet es schon etwa zwei Jahrhunderte vor ihm bei Jamblichos[9]; es ergibt sich aus der Stufenfolge der Seins- und Erkenntnisarten, wie sie die Neuplatoniker gelehrt haben. Aber die Wendung, die Boethius dem Gedanken gegeben hat, ist doch neu und eigen. Er spielt nämlich den Unterschied der Seins- und Erkenntnisarten auf den Unterschied zwischen Ewigkeit und Zeit hinaus, und was er darüber sagt, das entfernt sich von der Weise des Jamblichos und nähert sich den bekannten Be-

trachtungen Augustins in den *Bekenntnissen*. Man wird sich
nach dem früher Gesagten nicht wundern, Boethius wieder
auf Augustins Spuren anzutreffen.

Ob Boethius Christ gewesen sei, kann heute nicht mehr wie
im neunzehnten Jahrhundert zweifelhaft sein. Es steht fest,
daß er der Verfasser einiger der theologischen Abhandlungen gewesen ist, die unter seinem Namen überliefert sind.
Im *Trost der Philosophie* bezeugt sich sein Christentum
weniger durch unmittelbaren Bezug oder Anspielung, mehr
durch Rücksicht auf die christlichen Denker und ihre Fragen
und endlich dadurch, daß er vieles meidet, was bei den
nichtchristlichen Neuplatonikern nicht leicht fehlt, vor allem
die vielgestufte Unterscheidung der Wesen im Bereich des
Göttlichen; bei ihm gibt es keinen Unterschied zwischen
Weltschöpfer und innerweltlichen Göttern und überhimm-
lischen göttlichen Wesenheiten.

Merkwürdig und oft bemerkt ist nur dies, daß er als Christ
vor dem nahen Tode, den er voraussah, seinen Trost in der
Philosophie gesucht hat statt in der Gnade Gottes und dem
Werk des Erlösers. Wer kann denn aber wissen, daß er sich
nicht auch daran gehalten habe, während er sich in dem
Kunstwerk, das er mit hoher Freiheit des Geistes formte,
auf das beschränkte, worauf er sich verstand und was gewissermaßen sein Beruf und sein Amt war? Vor allem muß
man bedenken, daß das Christentum längst weit geworden
war und das Gemäße des griechisch-römischen Geisteserbes
und damit die Philosophie in sich aufgenommen hatte. Soviel von der alten Philosophie wie im Falle des Boethius hat
es freilich erst wieder zur Zeit des Thomas von Aquino zu-
gelassen. Das mag damit zusammenhängen, daß nach Boethius die Aristokratie fehlte, der an den alten Kulturgütern
gelegen war. Boethius gehörte jedenfalls zu den lieber
sammelnden als trennenden Geistern, die davon überzeugt
waren, daß das Gute, Wahre, das sich irgendwo in der
Welt auch außerhalb des geschichtlichen Bereichs des Ur-
christentums hervorgetan, seinen christlichen Sinn haben

müsse, den es nur mit Ernst und Zuversicht zu entdecken gelte. Ob sein Ergebnis in allen Einzelheiten zu rechtfertigen sei, ist eine Frage für sich. Daß er aber an einer nicht unedlen Aufgabe gearbeitet hat, lehrt ein Blick auf die Jahrhunderte vor und nach ihm.

Friedrich Klingner

Anmerkungen zur Einführung

1 Proklos (410–485 n. Chr.), Schulhaupt der platonischen Schule in Athen um die Zeit, als Boethius geboren ward. Von ihm sind bedeutende Werke erhalten, z. B. umfangreiche Kommentare zum *Timaios* und zum *Staat* Platos; sie zeigen uns die Spätform der neuplatonischen Gedanken.

2 Anonymus Valesianus, herausgegeben von Mommsen mit den anderen *Chronica minora* in den *Monumenta Germaniae historica, auctores antiquissimi IX* S. 306 ff., § 59–61. 70–73.

3 Prokop, *Gotenkrieg* 1,1.

4 Cassiodorus Senator, jüngerer Zeitgenosse des Boethius, im Dienste der Ostgotenkönige am Hof zu Ravenna vom Beginn des Jahrhunderts bis gegen 540 n. Chr. Er hat Theoderichs und seiner Nachfolger Erlasse stilistisch gefaßt; die Sammlung ist unter dem Titel »Variae« erhalten, eine bedeutende Quelle unserer Kenntnis der Gotenherrschaft in Italien. Verloren ist die Geschichte der Goten, die er im Auftrag Theoderichs geschrieben hat. Nach seinem Rücktritt zog er sich in das Kloster Vivarium zurück, das er in Unteritalien auf eigenem Grund gestiftet hatte.

5 Monophysiten, Partei in den kirchlichen Kämpfen in der Zeit des Konzils von Chalcedon (451), genannt danach, daß ihre Lehre in Christus nur eine, die göttliche Natur anerkannte. Die Lehre wurde 449 in Ephesus gewaltsam durchgesetzt, 451 in Chalcedon verworfen. In Randgebieten (Armenien, Ägypten, Abessinien) hat sie sich erhalten.

6 Der *Trost der Philosophie* hat im ganzen Mittelalter zu den am meisten studierten und zu den wirkkräftigsten Büchern gehört. Man kann seine Geschichte vom 8. Jahrhundert an verfolgen.

Damals kannte man Boethius in England (York), im 9. war er
in Frankreich und Deutschland weit verbreitet. Danach mag es
fast keine einigermaßen gut ausgestattete Bibliothek ohne ein
Werk von ihm gegeben haben. Die Consolatio ist besonders im
Mittelalter fast noch häufiger anzutreffen gewesen als Virgil
und Priscian, der Grammatiker; etwa 400 erhaltene Handschriften – eine vergleichsweise ganz gewaltige Zahl – zeugen davon,
daß das Werk ein gemeinsamer geistiger Besitz aller Gebildeten
gewesen ist. So hat es unabsehbar weit und tief gewirkt.
H. R. Patch hat das in einem lesenswerten Buche dargestellt
(*The Tradition of Boethius*, New York 1935); für einen flüchtigen Überblick genügt auch Manitius, *Geschichte der lateinischen
Literatur im Mittelalter*, I S. 33. Hier soll nur daran erinnert
sein, daß König Alfred die Consolatio um das Jahr 900 um der
Gesittung seines Volkes willen in das Angelsächsische übertragen
hat, Notker Labeo in S. Gallen etwa ein Jahrhundert später für
den Unterricht in das Althochdeutsche, Chaucer im 14. Jahrhundert in das Englische, von den zahllosen späteren Übersetzern
zu schweigen. Die drei Übertragungen sind erhalten. Ein Mann
vom Rang Dantes ist vom *Trost der Philosophie* ganz erfüllt
gewesen, ja er hat bekannt, in eigener tiefster Not entscheidende
Lebenshilfe davon erfahren zu haben. Was ihm in der *Divina
Commedia* durch Beatrice geschieht, das hat etwas von dem, was
die Philosophie an Boethius tut.

7 Über den *Protreptikos* des Aristoteles, eine Werberede für die
Philosophie, vgl. etwa W. Jaeger, *Aristoteles*, Berlin 1923, S. 53.

8 Chrysippos (etwa 280–205 v. Chr.) heißt der »zweite Begrün-
der« der Stoa. Gegen die Zweifel der Akademischen Schule hat
er die stoische Lehre ausgebaut, bis ins Einzelne in die Form
strenger Vernunftschlüsse gebracht und so unangreifbar zu
machen versucht. Die Gedanken, mit denen er die Freiheit des
Menschen, sich zu entscheiden, verteidigte, sind bei Cicero, *de
fato* 41 ff. überliefert.

9 Iamblichos, neuplatonischer Philosoph in der Zeit Konstantins,
gest. um 330; sehr einflußreich in der Folgezeit. Die entscheiden-
den Gedanken über das göttliche Vorwissen angeführt bei Am-
monios, *in Aristot. de interpret.* S. 135.

ERSTES BUCH

Der ich einst heitere Lieder in frischem Eifer vollendet,
    bin zum Beginne, ach, trauriger Weise gedrängt.[1]
Siehe, zerrissene Musen befehlen mir, was ich schreibe,
    und mit Tränen benetzt mir das Gesicht Elegie!
Diese wenigstens konnten Gefahr nicht und Schrecken
                            besiegen,
    daß sie nicht doch als Geleit folgten auf unserem Weg.
Die einst der ruhmvolle Stolz beglückter und prangender
                            Jugend,
    trübe trösten sie jetzt meines, des Greises Geschick.
Denn durchs Unglück gar rasch kam unerwartet das Welken,
    und es befahl mich der Schmerz eigenem Alter zur Rast.
Allzu frühe ergießt sich gebleichtes Haar um den Scheitel,
    zitternd erschlafft die Haut, matt, da der Körper
                            erschöpft.
Glücklich der Tod, der nicht in den süßen Jahren der
                            Jugend
    einschleicht oder der Qual, vielmals gerufen, erscheint!
Ach, wie fühllosen Ohres wendet er sich von dem Elend,
    weinende Augen versagt hart er zu schließen zur Ruh.
Als das treulose Glück den eitelen Gütern noch hold war,
    tauchte die dunkele Stund' fast ins Vergessen mein Haupt.
Aber weil es umwölkt den wendischen Blick wieder kehrte,
    längt das Leben die Frist frevlerisch mir ohne Dank.
Warum habt ihr so oft mich glücklich gepriesen, ihr Freunde?
    Nicht ist einem, der fiel, sicher gewesen sein Schritt!

Während ich dies bei mir schweigend bedachte und die trä-
nenreiche Klage durch des Griffels Arbeit aufzeichnete, da
zeigte sich, daß mir zu Häupten eine Frau getreten war von
sehr ehrwürdigem Aussehen, mit feurigen und über die ge-

meine Kraft der Menschen hinaus durchdringenden Augen,
von lebhafter Farbe und unerschöpflicher Frische, mochte sie
auch so hoch in Jahren sein, daß man sie keineswegs für eine
Zeitgenossin gehalten hätte –, von einer Größe, die man
nicht klar erkennen konnte. Denn bald hielt sie sich in dem
gewöhnlichen Maße der Menschen, bald aber schien sie mit
dem Gipfel ihres Scheitels an den Himmel zu rühren. Wenn
sie aber ihr Haupt höher erhoben hätte, wäre sie selbst in
den Himmel eingedrungen und hätte des Blickes der nach-
schauenden Menschen gespottet. Ihr Gewand war aus ganz
dünnen Fäden, in feiner Arbeit und aus unzerstörbarem
Stoff vollendet hergestellt. Sie hatte es, wie ich später – sie
verriet es selbst – erfuhr, mit ihren eigenen Händen gewebt.
Sein Äußeres hatte, wie gewöhnlich rauchgedunkelte Bilder,
der Schatten vernachlässigten Alters überzogen. Auf seinem
unteren Rand konnte man ein griechisches Π, auf dem
oberen ein Θ^2 eingewebt lesen. Und zu beiden Buchstaben
hin schienen nach Art von Treppen Stufen eingewebt zu
sein, so daß auf ihnen vom untern Buchstaben zum oberen
ein Aufstieg vorhanden war. Dies Gewand aber hatten
Hände brutaler Menschen zerrissen, und jeder hatte die Teile
weggeschleppt, die er vermochte. Und ihre rechte Hand hielt
Bücher, die linke ein Szepter. Als sie nun die Musen der
Dichtkunst an meinem Lager stehen und meinen Tränen
Worte eingeben sah, sagte sie ein wenig erregt und finster
mit den Augen blitzend: Wer hat diese Bühnendirnen zu
diesem Kranken gelassen, daß sie seine Schmerzen nicht nur
durch Heilmittel nicht lindern, sondern mit süßem Gift noch
nähren? Sind sie es doch, die durch das unfruchtbare Ge-
strüpp der Leidenschaften die früchtereichen Saaten der
Vernunft ertöten und den Geist der Menschen an die Krankheit gewöhnen, nicht von ihr befreien. Indes, wenn euer
Schmeicheln, wie gewöhnlich, einen aus der uneingeweihten
Masse verlockte, so brauchte man sich, glaube ich, weniger zu
grämen. Denn bei ihm würden meine Mühen nicht verletzt.
Aber diesen Mann, der in der Beschäftigung mit den Eleaten

und der Akademie aufwuchs?! – Geht lieber davon, ihr
Sirenen, süß bis zum Untergang, und laßt ihn meinen Musen
zur Behandlung und Heilung!
Mit solchen Worten gescholten, senkte die Schar den Blick
traurig zu Boden und schritt betrübt über die Schwelle.
Durch Erröten gestand sie ihre Beschämung. Aber ich, dessen
Auge in Tränen getaucht und beschattet war und der deshalb nicht unterscheiden konnte, wer denn diese Frau von
solcher Macht des Befehls war, erstaunte, heftete den Blick
auf die Erde und begann schweigend darauf zu warten, was
sie denn nun tun würde. Da kam sie näher heran und setzte
sich an den Rand meines Lagers. Sie betrachtete mein Antlitz,
wie es von Trauer schwer und in Trübsal zu Boden gesenkt
war, und klagte über die Verwirrung meines Geistes in folgenden Versen:

Ach, wie versunken in jäh stürzende Tiefe[3]
dämmert der Geist und verläßt eigene Helle,
äußeres Dunkel vielmehr strebt er zu suchen,
wenn durch irdischen Hauch mächtig geworden,
wächst ins Maßlose hoch schuldhafte Sorge.
Dieser, einstens gewöhnt, offenen Himmels
frei zu schreiten dahin Bahnen des Äthers,
schaute das strahlende Licht rosiger Sonne,
pflegte zu grüßen des Monds eisiges Glänzen,
jedweden Stern, der die Bahn rückläufig schweifend
wandert, gehalten im Bann wechselnder Kreise,
hielt er mit Hilfe der Zahl siegreich in Händen.
Auch die Gründe, weshalb mächtig erbrausend
Böen erregen des Meers ebene Fläche,
welcher Atem bewegt dauernden Erdkreis,
oder warum das Gestirn, westlicher Woge
Raub, doch im rötlichen Ost wieder zur Höhe
strebt, was die friedliche Zeit ausgleicht des Frühlings,
daß er der Erde als Schmuck Blüten der Rosen
bringt, wer es gab, daß der Herbst, reichlicher Ernte

voll, daherfließt mit schwersaftigen Trauben –
dies zu erspüren gewöhnt, vielfache Gründe
pflegend zu sehn der Natur, die sich verborgen,
jetzt liegt er schlaff; das Licht geistiger Klarheit
ruhet erschöpft, und den Hals kettenbelastet,
abwärts gesenkt seinen Blick unter der Bürde,
schaut er bezwungen, ach, geistleere Erde.

Aber, sagte sie, jetzt ist eher Zeit für Arznei als für das
Klagelied. Dann aber, mit vollem Blick gegen mich gewendet: Du bist das, der einst mit unserer Milch gestillt, mit
unserer Nahrung aufgezogen wurde und so zur Kraft einer
männlichen Seele gelangt war? Und doch hatten wir dir
so starke Waffen gebracht, daß sie dich in unbesieglicher
Festigkeit hätten schützen können, hättest du sie nicht vorher weggeworfen. Erkennst du mich? Was schweigst du? Bist
du vor Scham oder Lähmung verstummt? Ich möchte lieber:
vor Scham, aber ich sehe, dich hat eine Lähmung befallen.
Und da sie mich nicht nur schweigend, sondern vollkommen
sprachlos und stumm sah, führte sie leicht ihre Hand an
meine Brust und sagte: Es besteht keine Gefahr: er leidet an
Lethargie, der gewöhnlichen Krankheit eines genarrten Geistes. Er hat sich selbst ein wenig vergessen; er wird sich leicht
erinnern, dann wenigstens, wenn er mich zuvor erkannt hat.
Damit er dazu imstande ist, wollen wir ein wenig seine
Augen abwischen, die von einer Wolke sterblicher Dinge
beschattet sind. Dies sagte sie und trocknete meine Augen,
die vom Weinen schwammen, wobei sie ihr Kleid zu einem
Bausch zusammenzog.

Da entließ mich des Schattens Gewalt, und die Nacht war
                                        zerschlagen;[4]
wiederkehrte die Kraft meinem Augenlicht,
wie, wenn beim Corus, dem jähen Nordwest, die Wolken
                                        sich ballen
und sich der Himmel umhüllet mit Regengrau,

wenn die Sonne sich birgt, ob kein Stern noch zum Himmel
                                           gezogen,
Nacht doch von oben verströmt auf die Erde hin:
wie dann Phöbus hervorbricht, erzitternd in plötzlichem
                                           Lichte,
staunende Augen trifft mit dem Sonnenstrahl,
falls der Nordwind das Dunkel, aus thrakischer Höhle
                                         entlassen,
peitscht, den verschlossenen Tag wieder öffnet.

Nicht anders nahm ich den Himmelsglanz in mich auf[5], als
die Nebel der Traurigkeit sich zerstreuten, und erhielt den
Geist zurück, um das Antlitz der Heilenden zu erkennen.
Kaum hatte ich deshalb meine Augen auf sie gelenkt und
den Blick auf sie geheftet, erblicke ich meine Amme, in deren
Hause ich von Jugend an verkehrt hatte: die Philosophie.
Und sage: Warum bist du in diese Einsamkeit meiner Verbannung gekommen, du Herrin aller Tugenden, herab vom
hohen Himmelspol? Etwa, auf daß auch du zusammen mit
mir angeklagt und mit falschen Beschuldigungen verfolgt
wirst?
Hätte ich dich etwa, sagte sie, mein Kind, verlassen und
nicht die Last, die du meines verhaßten Namens wegen auf
dich genommen hast, teilen, das Leid mit dir gemeinsam
tragen sollen? Für die Philosophie wäre es doch nicht recht
gewesen, den Weg eines Unschuldigen unbegleitet zu lassen!
Ich hätte wohl die Beschuldigung fürchten und vor ihr zit-
tern sollen, als ob etwas Neues geschehen wäre? Denn du
meinst wohl, jetzt sei der Weisheit bei ruchloser Gesittung
zum ersten Male mit Gefahren zugesetzt worden? Kämpften
wir nicht auch bei den Alten vor der Zeit unseres teuren
Plato einen oft schweren Kampf gegen die Frechheit der
Dummheit? Und hat nicht sein Lehrer Sokrates, während er
es überleben mußte, unter meinem Beistande den Sieg über
einen ungerechten Tod erfochten? Als darauf die Epikureer-
und Stoikermeute und die übrigen ein jeder für seinen Teil

seine Erbschaft zu plündern begannen und mich trotz
Schreien und Sträuben zur Beute schlugen, da haben sie
mein Kleid, das ich mit eigener Hand gewebt hatte, zer-
schlissen. Sie rissen Fetzen von ihm los und zogen in dem
Glauben ab, ich wäre ihnen ganz zugefallen. Da in den
Fetzen ja Spuren meiner Art sichtbar waren, hat Unkenntnis
gemeint, es handle sich um meine Freunde, und manche von
ihnen durch den Fehler der nichteingeweihten Menge ins
Verderben geführt. Wenn du weder von der Verbannung des
Anaxagoras[6] noch vom Giftbecher des Sokrates noch von
der Folter Zenos[7] weißt – das ist ja im fremden Lande geschehen –, so hättest du doch Leute wie Canius[8], wie Seneca[9],
wie Soranus[10] kennen können, deren Andenken noch frisch
und nicht unberühmt ist. Nichts anderes hat sie ins Verderben geführt, als daß sie, auf meine Weise erzogen, der Art
und Beschäftigung der Bösen ganz unähnlich schienen. Daher
brauchst du dich jetzt nicht zu wundern, wenn wir auf diesem Meere des Lebens von umbrausenden Stürmen gejagt
werden, wir, deren höchstes Ziel es ist, den Bösen zu miß-
fallen. Wenn deren Heer auch zahlreich ist, so darf man es
doch verachten, da es von keinem Führer geleitet, sondern
nur vom Irrtum dahingerissen wird, der es überall und planlos zum Wahnsinn treibt. Wenn es aber doch einmal seine
Reihe gegen uns aufgestellt hat und zu mächtig einher-
stürmt, dann zieht unsere Führerin ihre Truppen auf der
Burg zusammen, jene aber beschäftigen sich mit der Plün-
derung unnützen Gepäckes. Wir dagegen lachen von droben
über sie, wie sie gerade das Wertloseste erraffen, selbst sicher
vor diesem ganzen wütenden Aufruhr und durch so starke
Pallisade geschützt, daß die überhandnehmende Dummheit
nicht daran rühren darf.

> Wer sein Leben geborgen, heitren Geistes[11]
> niederzwang das Geschick, das grausam stolze,
> beider Schicksale Blick gereckt begegnend
> unbesiegbar vermocht das Aug' zu wahren,

kann nicht rasende Wut noch Drohn des Meeres,
Flut aufregend, vom Grund emporgewendet,
noch wenn frei aus den berstenden Kaminen
qualmentsendende Glut Vesuv herauszwängt,
noch des glühenden Blitzes Bahn erschüttern,
der gewohnt ist, den hohen Turm zu treffen!
Warum fürchten so sehr die Armen wilde,
ohne Macht aber wütende Tyrannen?
Hoffe nichts und ertöt' die Furcht vor jedem:
du entwaffnest den Zorn des Unbeherrschten!
Doch wer unsicher flieht, wer heiß sich wünschet,
was nicht feste besitzt und eigne Rechte,
der entschlug sich des Schilds. Bewegt vom Platze,
knüpft' die Fessel er schon, an der er hanget.

Empfindest du dies, und dringt es in dein Herz ein? Oder
geht dir's wie im Sprichwort: der Esel mit der Lyra? Was
weinst du, was schwimmst du in Tränen? »Sprich, verhehle
es nicht im Herzen!«[12] Wenn du die Hilfe des Arztes er-
wartest, mußt du die Wunde aufdecken!
Da sprach ich, als mein Geist sich zu Kräften gesammelt
hatte: Bedarf es noch der Erinnerung und liegt die Härte
des Schicksals, wie es gegen mich wütet, nicht offen zutage?
Rührt dich nicht schon das Aussehen dieses Ortes? Ist dies
etwa die Bibliothek, die du dir selbst in meinem Hause als
sicherste Burg auswähltest? In der du häufig bei mir saßest
und mit mir über die Wissenschaft von Göttlichem und
Menschlichem sprachst? War so meine Haltung, so mein
Blick, als ich mit dir die Geheimnisse der Natur durchspürte,
als du mir mit dem Zirkel die Straßen der Gestirne be-
schriebst, als du Sinnesart und Lebensführung mir nach dem
Vorbild der himmlischen Ordnung bildetest? Sind das hier
die Belohnungen, die ich mir durch deine Nachfolge er-
werbe?
Du hattest doch durch Platos Mund folgendem Satze heilige
Geltung verliehen: glücklich würden die Staaten dann wer-

den, wenn entweder die Philosophiebeflissenen sie lenkten,
oder wenn es sich gefügt hätte, daß ihre Lenker die Philosophie betrieben. Du hast durch desselben Mannes Mund auch
die Mahnung ausgesprochen, dies sei für die Philosophen ein
unausweichlicher Grund, sich dem Staate zu widmen, daß
nicht ruchlosen und schandbaren Bürgern das Steuer der
Staaten überlassen werde und so Verderben den Guten und
Untergang bringe. Diesem Gebote also folgte ich und
wünschte, was ich von dir in stiller Muße gelernt, in die Tat
politischer Verwaltung umzusetzen. Du bist mein Zeuge und
Gott, der dich eingab in den Sinn der Weisen: nichts anderes
hat mich zum Amt geführt als das Bestreben, das alle Guten
gemein haben. Daher die schweren, unerbittlichen Kämpfe
mit den Ruchlosen und, was die Freiheit des Gewissens an
sich hat, der Anstoß bei den Mächtigen, aus dem ich mir
stets nichts machte, wenn es um den Schutz des Rechtes
ging.
Wie oft fiel ich Conigastus[13] entgegentretend in den Arm,
der seine Angriffe auf die Habe jedes Schwachen machte!
Wie oft habe ich Trigguilla[14], den königlichen Hausminister,
von einem begonnenen, ja schon erreichten Unrecht abge-
bracht! Wie oft schützte ich Unglückliche, welche die Geld-
gier der Barbaren immer ungestraft mit zahllosen Ränken
quälte, indem ich ihren Gefahren meine Geltung entgegen-
warf! Nie zog mich etwas vom Recht zum Unrecht. Daß
der Wohlstand der Provinzialen sowohl durch Räubereien
einzelner wie auch durch öffentliche Abgaben vernichtet
wurde, darüber habe ich ebensosehr Schmerz empfunden wie
die Betroffenen. Als zur Zeit der bitteren Hungersnot ein
schwerer, unmöglicher Getreideaufkauf verkündet war und
die Provinz Kampanien mit Armut zu schlagen drohte, nahm
ich des allgemeinen Wohles wegen den Kampf gegen die
Prätorianerpräfekten auf, focht ihn vor dem Gericht des
Königs durch und erreichte, daß der Aufkauf nicht durch-
geführt wurde. Paulinus, den früheren Konsul, dessen Reichtum die Hunde vom Palatium schon in ehrgeiziger Hoffnung

verschlungen hatten, zog ich noch aus dem Rachen der Gierenden. Daß Albinus[15], den Konsular, nicht die Strafe einer im voraus entschiedenen Anklage träfe, habe ich mich den Haßausbrüchen des Anklägers Cyprian gestellt. Feindschaften, schwer genug, scheint es, habe ich gegen mich erregt? Aber bei den anderen hätte ich um so sicherer sein sollen, da ich mir aus Liebe zur Gerechtigkeit bei denen vom Hofe keine Hilfe aufgespart hatte, daß ich sicherer wäre.

Was sind das aber für Leute, durch deren Anzeige ich ins Unglück geriet? Basilius[16], einst aus dem Dienst des Königs gejagt, wurde durch den Druck der Schulden dazu gebracht, meinen Namen anzuzeigen. Was Opilio[17] aber und Gaudentius[18] betrifft: als das königliche Urteil bestimmt hatte, sie sollten wegen zahllosen und vielfachen Betrugs in die Verbannung gehen, und jene sich, weil sie nicht gehorchen wollten, in den Schutz eines Gotteshauses begaben, verordnete der König, als er es erfuhr: wenn sie nicht innerhalb der vorgeschriebenen Frist aus Ravenna gingen, sollten sie auf der Stirn gebrandmarkt und herausgejagt werden. Kann man zu dieser Strenge noch etwas hinzufügen? Und doch wurde an diesem Tage die Anzeige meines Namens angenommen, obwohl dieselben Menschen sie hinterbrachten. Was soll das also? Habe ich es so mit meinem Leben verdient? Oder hat etwa die vorher ausgesprochene Verurteilung meine Ankläger gerecht gemacht? So wenig hat sich das Schicksal geschämt, wenn nicht der Unschuld des Angeklagten, so doch des Unwerts der Ankläger?

Aber du verlangst das Ganze des Vergehens, dessen wir beschuldigt werden, zu wissen. Man sagt, ich hätte den Wunsch gehabt, daß der Senat unangetastet bleibe. Das Wie wünschst du zu hören? Ich werde beschuldigt, einen Denunzianten gehindert zu haben, Beweise einzubringen, auf Grund deren er den Senat wegen Majestätsverbrechens hätte anklagen wollen. Was meinst du also, Herrin? Werde ich das Verbrechen leugnen, daß du dich meiner nicht zu schämen brauchest? Aber ich habe den Wunsch gehabt und werde

niemals aufhören, ihn zu haben. Werde ich gestehen? Aber
der Versuch, den Denunzianten zu hindern, ist unterblieben.
Oder werde ich es etwa ein Unrecht nennen, die Unversehrtheit dieses Standes gewünscht zu haben? Er hatte zwar
durch seine Beschlüsse über mich bewirkt, daß dies Unrecht
sei. Aber die Torheit, die sich immer selbst belügt, kann die
tatsächlichen Verdienste nicht verändern. Und ich halte es
nach dem Gebot des Sokrates nicht für Recht, die Wahrheit
zu verstecken oder eine Lüge zuzugeben. Aber wie dem auch
sei, ich überlasse es deinem und der Weisen Urteile zur Prü-
fung. Den wahren Ablauf dieser Angelegenheit habe ich
auch, damit er den Späteren nicht verborgen bleiben kann,
dem Griffel und dauerndem Gedächtnis anvertraut.
Denn was tut es zur Sache, über die von Fälscherhand ver-
faßten Briefe zu reden, auf Grund deren ich beschuldigt
werde, die Freiheit Roms erhofft zu haben? Ihre Fälschung
hätte offen zutage gelegen, wenn ich, was bei allen Ge-
schäften doch das größte Gewicht hat, die Aussage der Ankläger selbst hätte benützen dürfen. Welche Freiheit kann
man denn noch erhoffen? Wenn doch überhaupt eine Möglichkeit bestünde! Dann hätte ich mit dem Wort des Canius
geantwortet, der sagte, als er von Gaius Cäsar, dem Sohne
des Germanicus, als Mitwisser einer gegen ihn gerichteten
Verschwörung bezeichnet wurde: Wenn ich davon gewußt
hätte, hättest du nicht davon gewußt.
Dabei hat die Trauer meinen Verstand nicht so geschwächt,
daß ich darüber klagte, daß die Gottlosen Verbrecherisches
gegen die Tugend überhaupt ins Werk gesetzt haben; aber
darüber muß ich mich lebhaft verwundern, daß sie erreicht
haben, was sie erhofften. Denn das Schlechtere zu wollen,
ist vielleicht ein Zeichen unserer Schwäche, daß aber jeder
Verbrecher unter den Augen Gottes gegen die Unschuld vermag, was er plant, das ist ungeheuerlich. Daher fragte nicht
mit Unrecht einer deiner Freunde: Wenn es einen Gott gibt,
woher dann das Böse? Woher aber das Gute, wenn es keinen
gibt? Mag es Recht sein, daß die Ruchlosen, die nach dem

Blute aller Guten und des ganzen Senates gehen, auch mich,
den sie als Vorkämpfer für die Guten und den Senat sahen,
vernichten wollten. Aber habe ich etwa dasselbe auch um die
Senatoren verdient? Du erinnerst dich, glaube ich, da du
mich ja, wollte ich etwas sagen oder tun, mit deinem Beistande immer selbst lenktest, du erinnerst dich, sage ich, wie
ich unbekümmert um eigene Gefahr die Unschuld des gesamten Senates verteidigt habe, als in Verona der König, nach
einer allgemeinen Vernichtung gierig, das Majestätsverbre-
chen, dessen Albinus angeklagt war, auf den ganzen Stand
des Senates schieben wollte. Du weißt, daß ich darin die
Wahrheit sage und damit niemals im Selbstlob geprahlt habe.
Man zerstört nämlich das Geheimnis eines mit sich zufriede-
nen Gewissens, so oft man im Prahlen mit seiner Tat den
Lohn des Ruhmes dafür entgegennimmt. Aber du siehst ja,
welcher Erfolg unserer Unschuld wartete. Anstatt Belohnung wahrer Tugend treten wir Strafe an für ein erlogenes
Verbrechen. Welcher Schandtat offenes Geständnis hat je die
Richter so einträchtig in der Strenge gesehen, daß nicht die
Fehlbarkeit des menschlichen Geistes oder die Bedingtheit
vom Schicksal – allen Sterblichen gleich – ein paar milde
stimmte? Wenn mir der Vorwurf gemacht würde, ich hätte
Gotteshäuser anzünden, ich hätte Priester morden wollen
mit gottlosem Schwert, ich hätte allen Guten Tod gesonnen,
so hätte man mich doch vorgeladen, der Spruch mich doch
nach Geständnis und Überführung bestraft. So dagegen
werde ich rund fünfhundert Meilen fern, ohne zu Wort zu
kommen und unverteidigt, wegen zu senatsfreundlicher Ein-
stellung zu Tod und Ächtung verurteilt. O über die, welche
es verdient haben, daß niemand eines ähnlichen Verbrechens
überführt werden kann!
Die Würde dieser Anklage sahen auch die, welche sie ein-
brachten: um sie durch Beimischung eines Verbrechens zu
verdunkeln, logen sie deshalb, ich hätte aus Ehrgeiz nach
Stellung mein Gewissen mit einem Gottesfrevel befleckt. Jedoch: du, die uns innewohnt, triebst alle Wünsche nach

irdischen Dingen aus unserem Herzen, und unter deinen
Augen durfte kein Raum für Gottesfrevel sein. Du träuftest
nämlich täglich das Wort der Pythagoreer in mein Ohr und
meine Gedanken: Folge Gott! Und es hätte mir nicht ange-
standen, nach dem Schutze minderwertigster Geister zu ha-
schen, mir, den du zu solcher Höhe bildetest, daß du ihn
»einem Gott ähnlich« machtest. Außerdem schützen mich
das unschuldige Innere meines Hauses, ein Kreis angesehen-
ster Freunde, mein hehrer und gleich wie du selbst verehrungswürdiger Schwiegervater vor jedem Verdacht dieses
Verbrechens. Aber, o über das Unrecht! Jene nehmen sich
von dir die Bestätigung eines so schweren Vorwurfs, und
gerade dadurch scheine ich der Zauberei fähig zu sein, daß
ich in deinen Lehren erzogen, in deiner Gesittung unterwie-
sen worden bin. Nicht genug damit, daß mir die Ehrfurcht
vor dir nichts nützte: du selbst wirst vielmehr noch durch
den Anstoß, den ich gab, verunglimpft. Um aber unser Unglück vollzumachen, kommt noch hinzu, daß die Meinung
der meisten nicht die Verdienste der Taten, sondern den
glücklichen Erfolg ansieht und der Ansicht ist, nur das ist
gut geplant, was der Erfolg empfiehlt. Daher kommt es,
daß zuerst die gute Meinung die Unglücklichen verläßt.
Welche Gerüchte laufen jetzt im Volk, wie entgegengesetzte
und vielfache Meinungen: es ist verdrießlich, sich daran zu
erinnern. Das nur möchte ich sagen, die schlimmste Last des
Unglücks ist die, daß man glaubt, indem man den Unglücklichen irgendein Verbrechen anhängt, sie hätten verdient,
was sie leiden. Und ich habe so, aus allem Besitz vertrieben,
meiner Würden entkleidet, in der Achtung befleckt, wegen
einer guten Tat die Todesstrafe davongetragen. Zu sehen
glaube ich schon, wie die ruchlosen Werkstätten der Verbrecher in Freude und Jubel schwimmen, wie gerade die
Verkommensten durch neue Verleumdungen bedrohlich werden, alle Guten vor Schreck über meine Gefahr niederge-
schlagen zu Boden liegen, wie jeder Schandkerl zum Wagnis
einer Untat durch Straflosigkeit, zur Ausführung vollends

durch Preise angefeuert wird, die Unschuldigen aber nicht
nur der Sicherheit, sondern selbst der Verteidigung bar sind.
Und so möchte ich ausrufen:

Du des Rundes Herr, das mit Sternen besät,[19]
der fest gestützt auf ewigen Thron
im rasenden Schwung den Himmel bewegt,
die Gestirne bezwingt, zu spürn das Gesetz,
daß mit vollem Horn bald leuchtend der Mond
dem gesammelten Licht des Bruders sich stellt,
den schwächeren Stern mit den Strahlen verdeckt,
mit verdunkeltem Horn bald in Blässe gesenkt
dem Phöbus nah vom Leuchten verliert;
daß der Abendstern, der beim Dämmern der Nacht
im Westen beginnt seinen kühlen Lauf,
fürs zweitemal die Zügel tauscht,
die gewohnten, und bleicht bei Phöbus' Erstehn.
Du bist's der im Frost des entblätterten Herbsts
einzwängt den Tag in die kürzere Frist.
Du bist's, der gleich die Stunden zerteilt,
die schnellen, der Nacht, kommt des Sommers Glut.
Es ist deine Gewalt, die das wechselnde Jahr
regiert, daß der West, was der Atem des Nords
entführte, ersetzt durch verjüngtes Laub,
was Arcturus[20] erschaut als geringen Keim,
der Hundsstern[21] brennt im hohen Halm.
Es gibt nichts, was gelöst vom uralten Gesetz,
verließe das Werk des eigenen Standes. –
Ob im klaren Bezirk du ein jedes gleich lenkst,
verschmähst du allein doch, des Menschen Tat
mit verdientem Maß zu beschränken als Herr.
Warum denn bewirkt so gewaltigen Sturz
das gleitende Glück? Die Reinen bedrängt,
dem Verbrechen erspart, die Strafe der Schuld,
verkomme Art besetzet als Fürst
erhabenen Thron, und die Schuldigen, sie

treten unrechten Tauschs geheiligt Genick.
Die Tugend, berühmt einst, ruht jetzt versteckt
in dunkeler Nacht, der Gerechte erträgt
des Bösen Schmach,
nichts schadet der Meineid und nichts der Betrug,
der geschmückt stolziert, verlogen geschminkt.
Wenn's aber die Kraft zu brauchen gefällt,
wie viele davor auch Völker in Furcht,
hohe Fürsten mit Lust weiht dann es dem Staub.
O erbarme dich du der Erde Qual,
der die Satzung der Welt mit Banden knüpft:
des so mächtigen Werks nicht geringer Teil,
es ringt der Menschen auf des Schicksals Meer.
Als der Lenker bezwing die reißende Flut,
und womit du beherrschst das unendliche All,
erhalte im Bund auch die Erde fest!

Als ich dies in beständigem Schmerze herausgestöhnt hatte,
sagte sie mit friedlichem Antlitz und gar nicht über meine
Klagen gerührt: Als ich dich traurig und Tränen vergießen
sah, habe ich in dir gleich den Unglücklichen und Verbannten
erkannt. Aber wie weit diese Verbannung ist, wüßte ich
nicht, wenn es deine Rede nicht verraten hätte. Indes nicht
vertrieben wurdest du so weit aus der Heimat, sondern hast
dich aus ihr verirrt. Und wenn du lieber für einen Vertrie-
nen gelten willst, so hast du dich eher selbst vertrieben. Denn
dies hätte nie einer über dich gedurft. Wenn du dich nämlich
an deine Heimat erinnerst, aus der du stammst, so wird sie
nicht, wie die der Athener einst, durch den Befehl der
Menge regiert, sondern »Einer ist Herr, einer ist König!«,
der sich über hohe Zahl der Bürger, nicht über ihre Verbannung freut. Von seinen Zügeln gelenkt zu werden und seiner
Gerechtigkeit zu gehorchen, ist Freiheit. Oder kennst du
nicht jenes vornehmste Gesetz deines Staates, in dem festge-
legt ist, daß der nicht verbannt werden dürfe, der in ihm
seinen Wohnsitz zu gründen gewünscht hat? Denn wer im

Schutz seiner Grenze sich birgt, für den besteht nicht die
Furcht, daß er außer Landes zu gehen verdiente. Wer aber
den Wunsch, es zu bewohnen, aufgegeben hat, hört damit
auch auf, es zu verdienen. Und so rührt mich nicht so sehr
dieses Ortes Antlitz wie deines, und ich vermisse nicht die
elfenbein- und glasflußgeschmückten Wände der Bibliothek
als vielmehr die Wohnung in deinem Geiste, in der ich nicht
Bücher, sondern das, was den Büchern erst Wert gibt: die
Lehren meiner Bücher, einst aufstellte. Was deine Klage anlangt, so hast du zwar über deine Verdienste um das Ge-
meinwohl die Wahrheit gesagt, aber zu wenig im Vergleich
zu der Menge deiner Taten. Betreffs der Würde und der
Erlogenheit der Vorwürfe hast du Allbekanntes erwähnt.
Was die Verbrechen und die Betrügereien der Verleumder
anlangt, so hast du mit Recht geglaubt, sie nur im Vorüber-
gehen anrühren zu sollen, weil sie besser und ausführlicher
durch die Stimme des alles entdeckenden Pöbels zu ihrem
Ruhme kommen dürften. Gescholten hast du auch heftig die
Tat des ungerechten Senates. Auch über den Vorwurf gegen
mich hast du geklagt und über den Verlust, daß die gute
Meinung von dir zerstört wurde, geweint. Schließlich glühte
dein Schmerz gegen das Schicksal empor, und du klagtest,
daß den Verdiensten nicht gerechte Belohnungen entsprä-
chen. Ans Ende deines rasenden Liedes stelltest du das Gebet,
daß die Friedensordnung, die den Himmel lenkt und beherrscht, auch die Länder der Erde leiten möge. Da aber
stärkster Aufruhr der Leidenschaften dich befallen hat und
Schmerz, Zorn und Trauer dich nach verschiedenen Seiten
ziehen, so berühren dich kräftigere Heilmittel noch nicht bei
dem Geisteszustand, in dem du jetzt bist. Deshalb werde ich
eine Weile lindere anwenden, auf daß durch sanftere Berührung geschmeidig wird, die Wirkung eines schärferen Mittels
anzunehmen, was jetzt zur Geschwulst durch die einströ-
menden Leidenschaften verhärtet ist[22].

Wenn schwer drückend durch Phöbus' Strahl[23],
brodelnd siedet des Krebses Bild,
wer dann weigernden Furchen reich
anvertraute den Samenwurf,
mag, sich täuschend in Ceres' Wort,
Zuflucht nehmen zur Eichelfrucht[24]!
Niemals eile zum roten Hain,
aufzusammeln Levkoi[25] zum Strauß,
wenn das Feld, unterm wilden Nord
pfeifend, starrt vor des Frostes Macht!
Noch mit raffender Hand erhoff'
Frühlingsschöße zu streifen dann,
wenn die Traube Genüsse beut;
denn dem Herbst hat der Gott des Weins
seine Gaben doch aufbewahrt.
Gott prägt jegliche Jahreszeit,
ordnet ihnen ein eigenes Amt,
und in die er sie selbst geschränkt,
Tausch der Rollen erträgt er nicht.
So besitzt, was auf jäher Bahn
klarbestimmtes Gesetz verläßt,
nicht ein frohes, gedeihlich Ziel.

Willst du es also zunächst dulden, daß ich mit wenigen Fragen an den Zustand deines Geistes rühre und ihn prüfe, daß ich erkenne, welcher Art deine Behandlung ist?
Frage du, sage ich, nach deinem Gutdünken, was du willst. Ich werde antworten.
Da sagte sie: Bist du der Meinung, daß dieser Weltbau durch planlose und willkürliche Zufälle getrieben wird, oder glaubst du, daß ihm irgendeine vernünftige Leitung innewohnt?
Auf keinen Fall, sprach ich, möchte ich glauben, daß so Bestimmtes sich in zufälliger Planlosigkeit bewegt, sondern ich weiß, daß seinen Werken der Schöpfer vorsteht, Gott, und niemals wird wohl der Tag kommen, der mich von der Wahrheit dieses Satzes abbringt.

So ist es, sagte sie, denn dies hast du ja auch eben im Liede
gesungen und nur bedauert, daß die Menschen an der göttlichen Fürsorge keinen Teil haben. Denn was das übrige anlangt, so wurdest du nicht daran irre, daß es durch Vernunft
gelenkt würde ... Ach! dann wundere ich mich aber mächtig,
warum du bei so gesunder Überzeugung trotzdem krank
bist. – Aber wir wollen tiefer forschen: irgend etwas fehlt
noch, vermute ich. Also sage mir, da du ja an der Lenkung
der Welt durch Gott nicht zweifelst, bemerkst du auch, mit
welchem Steuer sie gelenkt wird?
Ich verstehe kaum, sage ich, den Sinn deiner Frage, geschweige, daß ich auf das Verlangte antworten könnte.
Habe ich mich, sagte sie, doch nicht getäuscht, daß da noch
eine Lücke ist, durch die hindurch die Krankheit der Sinnes-
verwirrung in deine Seele geschlichen ist, wie wenn das Holz
der Pallisade klafft! Aber sage mir, erinnerst du dich, welches das Ziel der Dinge ist, und wohin der Drang der ganzen
Natur strebt? Ich habe es schon gehört, sagte ich, aber das
Leid hat mein Gedächtnis geschwächt.
Aber du weißt, woraus alles hervorgegangen ist?
Ich weiß es, sagte ich, und antwortete darauf schon: Gott.
Und wie kann es sein, daß du den Anfang kennst, aber
nicht weißt, was das Ziel ist? Aber das ist die Art solcher
Verwirrung, so ihre Wirkung, daß sie die Menschen wohl in
ihrem festen Stand zu lockern vermag, nicht jedoch auszu-
reißen und ganz zu entwurzeln. Aber beantworte bitte auch
das noch. Erinnerst du dich, daß du ein Mensch bist?
Wie sollte ich mich nicht erinnern? sagte ich.
Kannst du also wohl sagen, was ein Mensch ist?
Fragst du danach, ob ich weiß, daß ich ein vernunftbegabtes
und sterbliches Lebewesen bin? Das weiß ich und bekenne
mich dazu.
Und jene: Und weißt du nicht, daß du noch etwas anderes
bist?
Nein.
Ich weiß nun, sagte sie, die andere und zwar wichtigste Ur-

sache deiner Krankheit: du hast aufgehört zu wissen, was du selbst bist. Damit habe ich vollkommen die Art deiner Krankheit gefunden wie auch den Weg, deine Gesundheit versöhnt zurückzubringen. Denn da du ja an Selbstvergessen leidest, mußtest du dich als verbannt und deiner eigensten Güter beraubt betrauern. Da du nicht weißt, was das Ziel ist, hältst du unnütze und ruchlose Menschen für mächtig und glücklich. Da du vergessen hast, mit welchem Ruder die Welt gesteuert wird, bist du des Glaubens, dies wechselnde Schicksal treibe ohne Steuermann dahin: schwere Leiden, die nicht nur Siechtum, sondern sogar Tod bringen können. Aber Dank sei dem Herrn des Heils, daß dich deine Natur noch nicht ganz verlassen hat! Wir besitzen noch wirksamste Glut für deine Heilung in deiner wahren Meinung von der Welt, daß du nämlich glaubst, sie ist nicht der Willkür der Zufälle, sondern göttlicher Vernunft untertan. Fürchte also nichts! Bald wird aus diesem winzigen Funken die Wärme des Lebens aufleuchten. Indes, da für stärkere Mittel noch nicht Raum ist und bekanntlich die Natur des Geistes derart ist, daß er sich, so oft er die wahren Gedanken verloren hat, in falsche einhüllt, aus denen dann das Dunkel geistiger Verwirrung entsteht und den wahren Blick trübt, werde ich dies Dunkel eine Weile durch linde und mäßig wirkende Mittel aufzulockern suchen, auf daß sich die Finsternis täuschender Leidenschaften zerteile und du den Glanz wahren Lichtes erblicken kannst.

> Ohnmächtig sind, von[26]
> finsteren Wolken
> dunkel, die Sterne,
> Helle zu spenden.
> Wühlte der Südwind
> wirbelnd das Meer auf,
> mischend die Fluten,
> eben erst glasklar,
> heiterem Tage

gleichend, die Welle,
tritt sie dann trüb vom
Schlamme, dem losen,
Blicken entgegen. –
Der sich befreit hat,
steil von den Bergen
strömend, der Sturzbach,
oft muß er warten
wegen der Barre
stürzenden Felsblocks.
Du, so du wünschst, mit
lichthellen Augen
Wahrheit zu schauen,
graden Gesteiges
rüstig zu wandern,
scheuche die Freuden,
jage die Ängste,
wehre der Hoffnung,
Schmerz sei verbannet!
Wolkig die Seele,
hörig dem Zügel
dort, wo sie herrschen!

Danach[1] schwieg sie ein wenig, und sobald sie meine Aufmerksamkeit durch bescheidene Pause gesammelt, begann sie so: Wenn ich die Gründe deines Leides und seine Art bis in die Tiefe erkenne, so vergehst du vor Verlangen und Sehnsucht nach dem früheren Glück; dies hat, wie du dir selber einbildest, soviel von deinem Geiste durch seinen Wandel umgestoßen. Ich kenne die bunte Schminke dieses Wundertieres und seine zärtlichste Vertrautheit mit denen, deren es zu spotten gedenkt, bis es in unerträglichem Schmerz schüttelt, die es unverhofft verläßt. Wenn du dich seines Wesens, seines Charakters und seiner Verdienste erinnern wolltest, so wirst du merken, daß du in ihm etwas Schönes nicht gehabt noch verloren hast; aber ich brauche mich, glaube ich, nicht groß anzustrengen, um dir das ins Gedächtnis zurückzurufen. Pflegtest du es doch auch, als es bei dir war und dir schön tat, mit männlichen Worten anzugehen und verfolgtest es mit Gedanken, die aus meinem Allerheiligsten hervorgeholt waren. Jedoch, kein plötzlicher Wechsel verläuft ohne Sturm der Herzen sozusagen; so kam es, daß auch du ein wenig deiner Ruhe untreu wurdest.

Aber es ist Zeit, daß du etwas Sanftes und Angenehmes kostest und schlürfest, was zum Innern dringt und stärkerem Trank den Weg bahnt. Beistehen mag also die Überredungskraft, die in der Süße der Redekunst liegt, und die nur dann auf dem rechten Pfade voranschreitet, wenn sie meine Lehren nicht verläßt, und wenn sie mit der unserem Herd verbundenen Musenkunst bald leichtere, bald ernstere Weisen anstimmt.

Was ist's also, o Mensch, was dich in Trauer und Betrübnis warf? Etwas Neues und Ungewöhnliches, mein' ich, hast du gesehen. Du glaubst, das Schicksal habe sich dir gegenüber gewandelt? Du irrst! Das ist immer seine Gepflogenheit, dies seine Art. Bewahrt hat es vielmehr bei dir seine ihm eigene Beständigkeit gerade in der Veränderlichkeit; so geartet war es, als es dir schön tat, als es dir die Lockungen eines falschen Glückes vorgaukelte. Ertappt hast du den unsteten Blick der blinden Gottheit. Das, was sich anderen noch verhüllt, ist dir ganz und gar bekannt geworden. Wenn du es gut heißest, so halte dich an seine Art, klage nicht! Wenn du dich vor seiner Treulosigkeit entsetzt, dann verachte es und tue es ab, da es ein gefährliches Spiel treibt.

Denn was dir jetzt Ursache so schwerer Trauer ist, hätte es zugleich der inneren Ruhe sein müssen. Verlassen hat dich nämlich, von dem niemand je wird sicher sein können, daß es ihn nicht verlassen wird. Oder hältst du etwa ein Glück, das davongehen wird, für wertvoll? Ist dir ein günstiges Geschick, wenn es bei dir ist, teuer, obwohl es keine Stete im Bleiben hat und, wenn es weicht, Betrübnis bringen wird? Wenn es aber nicht nach deinem Willen zurückgehalten werden kann und durch seine Flucht Unglückliche schafft, was ist es in seiner Flüchtigkeit dann anderes als eine Art Anzeichen künftigen Unglücks? Denn es genügt nicht, nur das, was vor Augen liegt, anzuschauen; die Klugheit ermißt den Ausgang der Dinge, und die gleiche Unbeständigkeit in beidem macht, daß die Drohungen des Geschickes nicht zu fürchten, seine Liebkosungen nicht wünschenswert sind.

Schließlich mußt du mit Gleichmut tragen, was im Bereiche des Geschickes geschieht, wenn du einmal den Nacken unter sein Joch gelegt hast. Wenn du ihm aber das Gesetz des Bleibens und Gehens vorschreiben wolltest, ihm, das du selbst dir freiwillig zum Herrn erwählt hast, würdest du doch wohl im Unrecht sein und durch Ungeduld dein Los verschärfen, das du doch nicht ändern kannst. Wenn du dem Winde die Segel ließest, dann würdest du fahren, nicht wohin dein Wille strebte, sondern wohin das Wehen triebe; wenn du den Schollen den Samen vertrautest, würdest du tragende und unfruchtbare Jahre unter sich abwägen. Du hast dich dem Schicksal zur Herrschaft gegeben: du mußt dich in die Gewohnheiten dieses Herrn schicken. Du versuchst den Schwung des rollenden Rades aufzuhalten? Aber,

törichtester aller Sterblichen, wenn es zu stehen beginnt,
hört es auf, Geschick zu sein!

> Wenn es mit stolzer Rechten seinen Lauf wendet[2],
> so stürzt es rückwärtsschäumend wie der Euripus[3]:
> zertritt es wild den König, der noch jüngst furchtbar,
> und erhebet des Besiegten niedren Blick trügend.
> Es hört nicht Unglück, Schluchzen rührt es nicht, sondern
> des Stöhnens, das es fühllos selbst bewirkt, lacht's noch!
> So spielt es, so beweist es seiner Macht Stärke
> und legt ein großes Zeichen finster vor, sieht man
> zur selben Stunde am Boden jemand und glücklich.

Ich möchte aber einiges wenige mit dir mit den Worten der
Fortuna selbst ausfechten; du gib also acht, ob sie berechtigte
Ansprüche macht.
Was verfolgst du mich, Mensch, wie eine Angeklagte mit
täglichen Vorwürfen, was habe ich dir für ein Unrecht getan?
Welches Gut dir geraubt, das dein war? Vor einem beliebigen
Richter streite mit mir um den Besitz deiner Reichtümer und
Würden, und wenn du zeigst, daß irgend etwas von diesen
Dingen irgendeinem der Sterblichen zu eigen gehört, werde
ich freiwillig zugeben, daß dein war, was du wiederhaben
willst!
Als die Natur dich aus dem Schoße der Mutter ans Licht
brachte, nahm ich dich auf, arm und nackt an allem, hegte
dich mit meinen Schätzen und zog, dir in Gunst geneigt, dich
zu nachgiebig auf, was dich jetzt ungebärdig gegen mich
macht –, umgab dich mit dem Überfluß und dem Glanze
alles dessen, was mir gehört. Jetzt beliebt es mir, meine
Hand zurückzuziehen: du schuldest Dank wie jemand, der
Fremdes in Gebrauch gehabt hat; das Recht zur Klage, gerade als ob du ganz dir Gehöriges verloren hättest, hast du
nicht. Was stöhnst du also darüber? Von mir ist dir keine
Gewalt getan. Reichtum, Ehren und alles andere derart un-
terstehen meinem Gebote. Als Dienerinnen erkennen sie die

Herrin. Mit mir kommen sie; wenn ich weggehe, scheiden sie.
Kühn behaupte ich: wenn dein wäre, was du als verloren
beweinst, hättest du es unmöglich verloren.
Oder soll ich etwa als einzige gehindert werden, mein Recht
auszuüben? Dem Himmel ist es erlaubt, den leuchtenden
Tag heraufzuführen und ihn wieder in finsteren Nächten zu
bergen; dem Jahr ist es erlaubt, das Antlitz der Erde bald
mit Blumen und Früchten zu kränzen, jetzt mit Wolken und
Regen zu trüben; Recht ist es des Meeres, bald mit gebreite-
ter Ebene zu locken, bald in Stürmen und Fluten zu erbrau-
sen: mich soll die unersättliche Gier der Menschen an eine
Beständigkeit binden, die meiner Art fremd ist? Das ist
meine Macht, dies beständige Spiel spiele ich: ich drehe das
Rad mit schnellrollender Felge; das Unterste gegen das
Höchste, das Höchste gegen das Unterste zu tauschen, ist
meine Freude. Steige empor, wenn du willst, aber unter der
Bedingung, daß du es nicht für Unrecht hältst, herabzu-
steigen, wie es der Gang meines Spieles fordert.
Oder kanntest du etwa meine Art nicht? Wußtest du nicht,
daß Kroisos[4], der König der Lyder, dem Kyros kurz vorher
noch schrecklich, bald darauf den Flammen des Scheiterhau-
fens jämmerlich ausgeliefert und dann doch durch einen vom
Himmel gesandten Regen gerettet wurde? Weißt du etwa
nicht, daß Paulus[5] dem Unglück des von ihm gefangenen
Königs Perseus fromme Tränen gezollt hat? Was beweint
der Schrei der Tragödien anderes als das Geschick, das glückliche Reiche unterschiedslosen Schlages stürzt? Hast du denn
nicht als Knabe gelernt, daß auf der Schwelle des Zeus
»zwei Fässer« liegen, »das eine der Übel, das andere der
Güter?«[6] Wie, wenn du überreich von der Seite des Guten
genommen hast? Wie, wenn ich nicht ganz von dir gewichen
bin? Wie, wenn gerade diese meine Unbeständigkeit ein
rechter Grund für dich ist, Besseres zu hoffen? Willst du
dennoch im Geiste dahinsiechen und wünschst, obwohl du
unter eine allen gemeinsame Herrschaft gestellt bist, doch
nach eigenem Rechte zu leben?

Wenn soviel wie die See, reißender Winde Spiel,[7]
Sand aufwühlt von dem Meergrund,
wenn soviel wie entfacht hell in der Sternennacht
Bilder funkeln am Himmel,
Fülle Schätze soviel gösse mit vollem Horn
und die Hand nicht zurückzög,
ließ der Menschen Geschlecht doch nicht zu jammern ab
tief wehleidige Klagen.
Mag auch willig der Gott hören ihr Wunschgebet,
Gold in Menge verschwendend,
mag mit Würden er hell zieren die Gierenden,
schon scheint nichts das Erreichte;
das Erworbne verschlingt vielmehr und sperrt erneut
den Schlund wilde Errafflust.
Ist ein Zaum, der die schon schüssige Gier erhält
fest an sicherer Grenze,
wenn vom reichen Geschenk ganz überströmt, erst recht
Durst nach Habe emporbrennt?
Nie lebt reich, wer in Furcht zitternd und jammervoll
selbst bedürftig sich wähnet.

Wenn Fortuna zu ihrer Verteidigung so spräche, hättest du
also wohl wirklich nichts, was du dagegen auch nur stam-
melnd vorbringen könntest; oder, falls du etwas hast, womit
du deine Klage rechtmäßig verteidigen könntest, mußt du
es sagen. Wir wollen dir Gelegenheit zum Sprechen geben.
Da sagte ich: Diese deine Worte sind zwar ansehnlich und,
bestrichen mit dem süßen Honig der Redekunst und der
Musik, ergötzen sie dann nur, wenn man sie hört. Aber bei
Unglücklichen sitzt das Gefühl ihrer Leiden tiefer; wenn sie
daher aufgehört haben, in den Ohren zu klingen, drückt die
tiefsitzende Trauer die Seele nieder.
Und sie sagte: So ist es. Dies sind nämlich noch nicht die Arz-
neien für deine Krankheit, sondern erst ein Linderungsmittel
für den Schmerz, der sich gegen die Behandlung sperrt. Was in
die Tiefe dringt, werde ich heranschaffen, wenn es Zeit ist.

Aber wünsche dennoch nicht, daß man dich für unglücklich hält. Oder hast du etwa Zahl und Maß deines Glückes vergessen? Ich übergehe mit Schweigen, daß dich, den Vaterlosen, die Fürsorge höchster Männer aufnahm. Und daß du, erwählt in die Verwandtschaft der ersten Männer des Staates, eher begannst, geliebt als im Range nahe zu sein, die kostbarste Art der Zugehörigkeit. Wer hat dich nicht überglücklich gepriesen wegen so glanzvoller Schwiegereltern, so keuscher Frau, besonders auch wegen des Glückes männlicher Nachkommenschaft? Ich gehe daran vorüber – ich möchte nämlich, was du mit anderen gemein hast, übergehen –, daß du in der Jugend Würden erhalten hast, die Greisen verweigert werden: zu dem einzigartigen Gipfel deines Glückes möchte ich gern kommen. Wenn eine Frucht irdischer Dinge überhaupt ein Gewicht für das innere Glück hat: wird je das Andenken jenes Tages durch noch so große Last hereinbrechenden Unglücks getilgt werden können, als du deine zwei Söhne, beide Konsuln, unter dem zahlreichen Geleit der Senatoren, unter dem Jubel des Volkes aus deinem Hause fahren sahst? Als du, während sie in der Kurie auf den kurulischen Sesseln[8] saßen, als Redner des Königslobs den Ruhm des Talents und der Beredsamkeit erntetest? Als du im Zirkus mitten zwischen zwei Konsuln die Erwartung der umdrängenden Menge mit einer Triumphspende sättigtest? Du hast, glaube ich, die Fortuna angeführt, während sie dich streichelte, während sie dich wie ihren Liebling hegte. Ein Geschenk, wie sie es keinem Privatmann je gewährt hatte, trugst du davon. Willst du also mit der Fortuna eine Rechnung aufmachen? Jetzt hat sie dich zum ersten Male mit scheelem Auge gestreift. Wenn du Zahl und Maß des Frohen und Trüben erwägst, kannst du nicht leugnen, daß du noch glücklich bist. Wenn du aber deshalb nicht glückbegünstigt zu sein glaubst, weil, was damals froh schien, gewichen ist, so hast du keinen Grund, dich für elend zu halten; denn auch das, was jetzt trüb scheint, geht ja vorüber. Oder bist du jetzt erst auf diese Bühne des Lebens ge-

kommen, plötzlich und als Fremder? Glaubst du, irgendein
Bestand sei in menschlichen Dingen, wo doch den Menschen
selbst häufig eine rasche Stunde auflöst? Denn wenn auch in
seltenen Fällen die Dinge des Zufalls Stete im Bleiben besitzen, so ist doch auf jeden Fall der letzte Tag des Lebens
auch des bleibenden Glückes Tod. Was macht's also nach
deiner Meinung aus, ob du es durch Tod oder es dich durch
Flucht verläßt?

> Wenn am Zelt mit rosigem Vierspann Phöbus[9]
> lichte Helle zu breiten fängt,
> bleicht der Stern, die Blicke gestumpft, die blassen,
> da die Flamme ihn niederjocht.
> Wenn der Park sich rötet bei Zephyrs Hauche
> unter Rosen im Frühlingskleid,
> atme toll der wolkenbeschwerte Südwind:
> schon entweichet der Schmuck dem Dorn.
> Oft erstrahlt das Meer in verklärter Ruhe,
> ohne daß sich die Fluten rühren,
> oft entfacht Nordwest seine wilden Böen,
> und die Ebene wandelt sich.
> Wo schon kaum die Form sich bewahrt dem Weltall,
> bunten Wechsel so sehr verspürt,
> da vertrau hinfälligem Glück der Menschen,
> traue flüchtigen Gütern gar!
> Eins beharrt, liegt fest durch Gesetz auf ewig:
> Nichts Gezeugtes besteht in sich!

Da sagte ich: Du sprichst Wahrheit, o Nährerin aller Tugenden, und ich kann den überaus raschen Lauf meiner Er-
folge nicht bestreiten. Aber das ist es gerade, was bei der
Erinnerung heftiger quält; denn bei jeder Ungunst des
Schicksals ist dies die unseligste Art des Unglücks: glücklich
gewesen zu sein.
Aber, sagte sie, was du als Strafe für falsche Denkart büßt,
kannst du nicht mit Recht den Dingen zur Last schreiben.

Denn wenn dieser leere Name zufälligen Glückes Eindruck
auf dich macht, so magst du mit mir nachrechnen, an wieviel
mehr Dingen – und zwar den größten – du Überfluß hast.
Also, wenn dir nach Gottes Willen noch jetzt unverletzt
und unangetastet bewahrt bleibt, was du als Wertvollstes bei
der Gesamtbilanz deines Glückes besaßest, wirst du dann
noch mit Recht über Unglück klagen können, wo du doch
gerade das Bessere zurückbehalten hast? Und es lebt doch
unversehrt die kostbarste Zier des Menschengeschlechts, dein
Schwiegervater Symmachus[10], und – was du um den Preis
des Lebens auf der Stelle erkaufen würdest – der Mann,
ganz Weisheit und Tugend, seufzt über das Unrecht, das dir
widerfahren ist, selbst sicher, daß man ihm keines zufügen
werde. Es lebt dein Weib, von Herzen bescheiden, durch
Keuschheit hervorleuchtend und, um all ihre Gaben kurz zu
umschließen, ihrem Vater ähnlich – sie lebt, sage ich, und nur
dir wahrt sie dieses Lebens Hauch, den sie haßt. Und wodurch allein dein Glück gemindert wird, wie ich auch selbst
zugeben würde, sie verzehrt sich vor Sehnsucht nach dir in
Tränen und Schmerz. Was soll ich sprechen von den Söhnen,
die beide Konsuln waren? An ihnen leuchtet – wenn auch
wie bei Knaben dieses Alters – doch schon das Muster des
väterlichen und großväterlichen Geistes hervor. Da nun die
vornehmlichste Sorge der Sterblichen die ist, ihr Leben zu
bewahren, o du, glücklich, wenn du deine Güter kenntest,
der auch jetzt noch besitzt, was – es bezweifelt niemand –
teurer ist als das Leben! Deshalb trockne deine Tränen! Das
Schicksal haßt noch nicht alle bis auf den letzten Mann, und
noch hat kein allzu starker Sturm dich erfaßt, da die Anker
noch fest hängen. Sie lassen nicht Trost in der Gegenwart
noch Hoffnung für zukünftige Zeit schwinden. – Und
möchten sie halten, sage ich, darum bete ich. Denn wenn sie
bleiben, werden wir, wie auch die Dinge liegen, durch-
schwimmen. Aber wieviel von unserem Glanze geschwunden
ist, siehst du ja.
Und jene sagte: Wir sind schon ein Stück vorwärtsgekom-

men, wenn dir noch nicht dein ganzes Los vergällt ist. Aber
ich kann deine Üppigkeit nicht ertragen, daß du so traurig
und angstvoll klagst, es fehle noch etwas an deinem Glück.
Wer besitzt ein so gesichertes Glück, daß er nicht zu einem Teile mit der Beschaffenheit seines Loses haderte?
Ein ängstlich Ding ist nämlich die Lage der menschlichen
Güter und eine Sache, die nie ganz zum Vorschein kommt
oder sich nie beständig festsetzt. Dieser hat Geld die Fülle,
aber er schämt sich unedlen Blutes; den macht Adel bekannt,
aber in dürftiges Vermögen gezwängt, möchte er lieber unbekannt sein. Jener hat an beidem mehr als genug, beklagt
aber ein eheloses Leben; jener, glücklich verheiratet, aber
ohne Kinder, häuft sein Vermögen für einen fremden Erben;
ein anderer, gesegnet mit Nachkommenschaft, weint traurig
über die Vergehen des Sohnes oder der Tochter. Deshalb ist
niemand leicht eins mit der Lage seines Geschickes; denn in
einem jeden liegt etwas, was der, welcher es nicht erfahren
hat, nicht kennt, wer es erprobt hat, schaudernd fürchtet.
Nimm noch hinzu, daß die Sinne gerade der Glücklichsten
am empfindlichsten sind, und, wenn nicht alles auf den
Wink zur Verfügung ist, jeder Widerwärtigkeit ungewohnt,
durch kleinste Dinge aus der Fassung gebracht werden. So
geringfügig ist, was den Beglücktesten die Vollkommenheit
ihres Glückes herabsetzt. Wie viele, schätzt du, gibt es wohl,
die sich dem Himmel nahe glaubten, wenn ihnen von den
Resten deines Glückes auch nur der kleinste Teil zufiele?
Dieser Ort selbst, den du Verbannung nennst, ist für die
Bewohner Heimat. Denn nichts ist jammervoll außer, wenn
du es wähnst, und andererseits ist jedes Schicksal gesegnet
durch die Ausgeglichenheit des Ertragenden. Wer ist jener
Glückliche, der seinen Stand nicht zu ändern wünschte, wenn
er sich der Ungeduld ergeben hat? Mit wieviel Bitternissen
ist die Süße menschlichen Glückes befleckt! Und wenn es
dem Genießenden auch angenehm zu sein scheint, kann man
es doch nicht davon zurückhalten, wegzugehen, wenn es will.
Es ist also klar, wie jämmerlich das Glück menschlicher

Dinge ist: es dauert nicht ständig bei den Gleichmütigen und erfreut die Ängstlichen nicht ganz.

Warum also, o ihr Sterblichen, sucht ihr ein Glück, das in euch liegt, draußen? Irrtum und Unwissenheit verwirren euch. Ich will dir kurz den Angelpunkt des höchsten Glückes zeigen. Gibt es für dich etwas Kostbareres als dich selbst? – Nein! wirst du sagen; wenn du also deiner mächtig bist, wirst du besitzen, was du nie verlieren möchtest und das Schicksal nicht entführen kann. Und damit du erkennst, daß in diesen zufälligen Dingen das Glück nicht bestehen kann, schließe so: wenn das Glück das höchste Gut eines Wesens ist, das mit Verunft lebt, und nicht höchstes Gut ist, was irgendwie entrissen werden kann, da ja das, was sich nicht rauben läßt, es übertrifft, so liegt auf der Hand, daß die Unbeständigkeit des Zufalls nicht den Anspruch machen kann, das Glück zu erfassen. Dazu kommt: wen dies hinfällige Glück trägt, der weiß entweder, daß es veränderlich ist, oder er weiß es nicht. Wenn er es nicht weiß, welches Los kann ihn denn dann selig machen in der Finsternis der Torheit? Wenn er es weiß, muß er fürchten, daß er verliert, was man, wie er nicht zweifelt, verlieren kann; deshalb läßt ihn beständige Furcht nicht glücklich sein. Oder meint er wenigstens, wenn er es verliert, müsse er es geringschätzen? Auch dann ist es ein sehr dürftiges Gut, wenn man seinen Verlust mit Gleichgültigkeit erträgt. Und da du ja derselbe Mann bist, der überzeugt ist und dem es durch sehr viele Beweise, wie ich weiß, in die Seele gepflanzt ist, daß der Geist der Menschen nicht sterblich sei, und da es klar ist, daß das zufällige Glück in dem Tode des Körpers seine Grenze hat, gleitet unzweifelhaft, kann dieses das wahre Glück bringen, das ganze Geschlecht der Sterblichen beim Todesende ins Unglück. Wenn wir aber wissen, daß viele die Frucht wahren Glückes nicht nur im Tod, sondern in Schmerzen und Martern gesucht haben, wie kann es sie dann durch seine Gegenwart glücklich machen, wenn es beendet sie nicht elend macht?

Wer dauernd Heim mit Umsicht[11]
sich aufmacht zu erbauen,
wer sorgt, in Eurus'[12] Brausen
standfest oben zu bleiben,
des Meers und seines Sturmes
Wut zu spotten, gesichert,
soll hohen Berges Gipfel,
meiden durstigen Sandstrand!
Dort drängt der freche Südwind
mit gesammelten Kräften,
der lose Boden will nicht
Stütze hangender Last sein.
Durch Flucht vermeid' gefährlich
Los anmutigen Platzes
und denk' in niedren Felsen
dein Haus sicher zu senken!
Dann mag der Sturm im Stürzen
donnern, Fluten vermischend:
geschützt durch Kraft des stillen
Walles, wirst du beseligt
ein heiteres Leben führen,
Zorn des Äthers verlachen.

Aber da die Linderung meiner Gründe schon in dich dringt, darf man, glaube ich, ein wenig stärkere anwenden. Sieh' denn zu! Wenn schon die Gaben des Schicksals nicht so hinfällig und für den Augenblick wären, was ist in ihnen, was je euer werden könnte oder nicht wertlos würde, wenn man es durchschaut und erwägt?

Sind Reichtümer euer Besitz oder durch ihre eigene Natur wertvoll? Und was von ihnen am ehesten? Gold und aufgestapelte Geldmacht? Aber diese Dinge besitzen doch mehr Glanz, wenn man sie ausgibt, als wenn man sie anhäuft! Wenigstens, wenn Habsucht immer verhaßt, Freigebigkeit berühmt macht! Wenn aber bei keinem bleiben kann, was auf den anderen übertragen wird, ist das Geld erst dann

wertvoll, wenn es auf andere übertragen in der Verwendung
zum Geschenk aufhört, besessen zu werden.

Das gleiche Geld aber macht die übrigen arm, wenn alles,
was auf der ganzen Welt vorhanden ist, sich bei einem sam-
melt! Die Stimme kann ungeteilt zugleich vieler Ohren erfüllen. Eure Reichtümer vermögen nur zerstückelt auf mehrere überzugehen. Wenn das geschieht, machen sie notwendig
arm, wen sie verlassen. O also über diese schmalen und arm-
seligen Reichtümer, die mehrere nicht ganz besitzen können
und die zu einem einzelnen nur unter Verarmung der übrigen gelangen! – Oder zieht der Glanz der Edelsteine eure
Augen an? Aber wenn in diesem Glanz ein Vorzug liegt, so
gehört jenes Leuchten den Edelsteinen, nicht den Menschen:
daß die Menschen sie bewundern, darüber staune ich mächtig. Gibt es denn etwas, was der Bewegung der Seele und
der Verbindung mit ihr entbehrt und doch einem beseelten
und vernunftbegabten Wesen mit Recht schön erscheinen
könnte? Wenn sie gleich durch das Werk des Schöpfers und
ihre eigene Vorzüglichkeit etwas vom Rande der Schönheit
an sich haben, stehen sie doch unter eurem hohen Range und
verdienen eure Bewunderung nicht.

Oder freut euch die Schönheit der Fluren? Warum nicht?
Sind sie doch ein schöner Teil des schönsten Werkes. So
freuen wir uns bisweilen über das Bild des heiteren Meeres,
so bewundern wir Himmel, Sterne, Mond und Sonne. Geht
dich etwa eines von diesen an, wagst du dich etwa des Glan-
zes irgendeines solcher Dinge zu rühmen? Oder prangst du
etwa selbst in Frühlingsblüten? Schwillt etwa deine eigene
Fruchtbarkeit zu sommerlichen Früchten? Was läßt du dich
von leeren Vergnügungen hinreißen? Was gierst du nach
äußeren Gütern, als ob sie dein wären? Niemals wird Glück
zu deinem Eigentum machen, was Natur dir fremd erschuf!
Die Früchte der Erde dienen zweifellos der Nahrung der
Lebewesen; aber wenn du – woran die Natur Genüge hat –
nur deinen Bedarf erfüllen willst, hast du keinen Anlaß,
nach dem Überfluß des Glückes zu streben. Mit Wenigem

und dem Geringsten ist die Natur zufrieden. Wenn du ihre
Sättigung mit Überflüssigem belasten willst, wird entweder
unerfreulich, was du hineinschüttest, oder schädlich.
Du hältst es gar für schön, in bunten Gewändern zu pran-
gen. Wenn deren Aussehen angenehm zu schauen ist, werde
ich entweder die Beschaffenheit des Stoffes oder das Geschick des Künstlers bewundern.
Oder macht dich etwa gar eine lange Reihe Diener glücklich?
Sind diese schlecht von Charakter, sind sie eine verderbliche
Bürde des Hauses und für den Herrn selbst eine sehr feind-
liche; sind sie aber rechtschaffen, wie läßt sich dann fremde
Rechtschaffenheit zu deinen Reichtümern zählen? –
Aus diesem allen erzeigt sich klar, daß nichts von dem, was
du unter die Güter rechnest, dein Gut ist. Wenn ihnen nichts
von erstrebenswerter Schönheit innewohnt, was ist's, daß du
über ihren Verlust Schmerz hast oder dich freust, wenn du
sie behältst? Wenn sie aber von Natur her schön sind, was
geht es dich an? Denn sie hätten auch für sich, von deinen
Schätzen getrennt, gefallen. Sind sie doch nicht deshalb wertvoll, weil sie zu deinem Reichtum kamen; sondern weil sie
kostbar schienen, hast du den Wunsch gehabt, sie deinen
Schätzen zuzurechnen. –
Was ersehnt ihr aber mit solchem Lärm um Glück? Verbannen, glaube ich, wollt ihr durch Überfluß den Mangel. Das
schlägt euch aber ins Gegenteil aus, da ja immer mehr Stützen nötig sind, die Mannigfaltigkeit eines kostbaren Hausrats zu erhalten! Und das ist wahr, daß diejenigen sehr vieler Dinge bedürfen, die vieles besitzen, und andererseits die
sehr wenig, die ihren Überfluß nach den nötigen Bedürfnis-
sen der Natur, nicht nach dem Übermaß ihres Ehrgeizes be-
messen. Habt ihr aber so wenig ein eigenes angebornes Gut,
daß ihr in äußeren fernliegenden Dingen eure Güter sucht?
Hat sich die Lage der Dinge so umgekehrt, daß ein dank der
Vernunft göttliches Lebewesen nur durch den Besitz leblosen
Hausrats zu glänzen glaubt? Anderes ist mit dem Seinen zufrieden, ihr aber, Gott an Geist ähnlich, erhascht von den

niedrigsten Dingen den Schmuck für euer überragendes Wesen und merkt nicht, wie sehr ihr damit euerm Schöpfer Unrecht tut. Er wollte, daß das menschliche Geschlecht vor allem Irdischen stehe, ihr stoßt eure Würde unter das Allerniedrigste hinab! Denn wenn alles Gut eines jeden, wie feststeht, wertvoller ist als der, dessen Gut es ist, dann unterwerft ihr euch selbst in eurer Achtung, wenn ihr die wertlosesten Dinge für eure Güter erachtet, eben diesen Dingen, und zwar nicht unverdient! Ist es doch freilich Gesetz für die Menschennatur, daß sie nur dann unter dem übrigen hervorragt, wenn sie sich selbst erkennt, zugleich jedoch tiefer als die Tiere hinabsinkt, wenn sie aufhört, sich zu kennen; denn den übrigen Lebewesen ist, sich nicht zu kennen, Natur, beim Menschen wird es zum Vergehen!
Wie weit verbreitet ist aber dieser euer Irrtum, die ihr meint, es könne sich irgend etwas mit fremdem Zierat schmücken! Indes das kann nicht geschehen! Denn wenn etwas seinen Glanz aus Hinzugetanem zieht, so wird das Hinzugetane zwar selbst gelobt, jenes aber, mit ihm bedeckt und darin eingehüllt, verharrt weiter genau so in seiner Häßlichkeit.
Schließlich aber behaupte ich: das ist überhaupt kein Gut, was dem Besitzer schadet. Lüge ich da etwa? – Nein! sagst du. Reichtum jedoch hat sehr häufig seinem Inhaber geschadet, da gerade die Schlechtesten und daher um so mehr nach fremdem Eigentum Gierenden sich allein für würdig halten, was es irgendwo an Gold und Edelsteinen gibt, in den Händen zu haben. Du zum Beispiel, der jetzt angstvoll Spieß und Schwert fürchtest, könntest in Gegenwart des Räubers ruhig singen, wenn du den Pfad dieses Lebens als besitzloser Wanderer betreten hättest. Ein herrliches Glück der irdische Reichtum, nach dessen Erlangung du aufhörst, sorglos zu sein!

> Zu selig die Menschheit der Vorzeit,[13]
> mit verläßlichem Acker zufrieden,
> nicht verderbt durch träge Verschwendung,

die späten Hunger gewohnt war,
mit bereiter Eichel zu stillen!
Verstanden nicht Bacchus' Geschenke
mit klarem Honig zu schütten,
nicht lichthell Gewebe der Serer[14]
zu tauchen in tyrische Tinte[15].
Gesunden Schlaf gab der Rasen,
den Trank der schlüpfende Bergstrom,
die hohe Fichte den Schatten.
Noch schnitt nicht die Höhe des Meeres
der Fremde, mit Waren der Welt rings
besucht' er nicht neues Gestade.
Da schwieg noch das grausame Kriegshorn;
im bitteren Hasse vergossen
färbte Blut nicht das schaurige Schlachtfeld.
Wie mochte wohl feindliches Wüten
zuerst die Waffe bewegen,
da sie rauhe Wunden erspähten,
für Blut aber keine Belohnung?
Wenn sich unsere Zeiten doch kehrten
zur altertümlichen Sitte!
Doch wilder als Flammen des Ätna
glüht rasende Gier zu besitzen.
O wehe, wer war jener erste,
der Lasten verdeckten Goldes,
Verborgenheit liebende Steine
sich ausgrub, kostbar Gefährnis?

Was soll ich aber über Würden und Macht sprechen, womit
ihr aus Unkenntnis wahrer Würde und Macht euch in den
Himmel hebt? Wenn diese gerade auf einen Schurken fallen,
kann dann ein Ätna mit speienden Flammen, eine Sintflut
solche Vernichtung stiften? Die konsularische Befehlsgewalt
jedenfalls – du erinnerst dich, glaube ich –, die der Beginn
der Freiheit gewesen, wünschten eure Vorfahren wegen der
Überhebung der Konsuln abzuschaffen, nachdem sie des

gleichen Übermuts wegen vorher den Königsnamen aus dem
Staate verbannt hatten. Wenn sie aber manchmal, was sehr
selten ist, Rechtschaffenen übertragen werden, was gefällt
da an ihnen anderes als die Rechtschaffenheit der Inhaber?
So kommt es, daß nicht die Tugenden von den Würden,
sondern die Würden von der Tugend Ehre erhalten. –
Was ist aber diese eure erstrebenswerte und herrliche Macht?
Bedenkt ihr denn nicht, o ihr irdischen Geschöpfe, was für
Wesen ihr beherrscht und wer ihr selbst dabei seid? Wenn
du unter den Mäusen eine vor den übrigen Recht und Macht
beanspruchen sähest, wie würdest du dich vor Lachen aus-
schütten! Was aber kannst du, siehst du den Körper an,
Schwächeres finden als den Menschen, den oft Stich oder
Eindringen der Mücken tötet, die in sein Innerstes kriechen?
Worauf aber kann jemand, gegen wen es auch sei, ein Recht
erstrecken außer allein auf den Körper und was unter dem
Körper ist – ich meine das Glück? Wirst du etwa einem
freien Geiste etwas befehlen können? Wirst du einen Sinn,
der in fester Vernunft in sich zusammenhält, aus dem Stand
seiner ihm eigenen Ruhe bringen? Als ein Tyrann einen
freien Mann durch Marter glaubte zwingen zu können, daß
er die Mitwisser einer gegen ihn gerichteten Verschwörung
verriete, biß er sich die Zunge ab und schleuderte sie dem
wütenden Tyrannen ins Gesicht; so machte der Weise die
Qualen, die der Tyrann für ein Mittel der Grausamkeit
hielt, zum Werkzeug der Tugend.
Was könnte man weiter einem anderen antun, was man
nicht selbst von einem anderen erfahren könnte? Wir hören,
daß Busiris[16], der seine Gäste umzubringen pflegte, von seinem Gast Hercules[17] hingeschlachtet worden ist. Regulus[18]
hatte viele kriegsgefangene Punier in Fesseln geworfen; aber
bald hielt er den Ketten der Besiegten selbst die Hände hin.
Glaubst du also, daß der Mensch irgendwelche Macht besitzt, er, der nicht hindern kann, daß, was er selbst beim
andern kann, dieser gegen ihn vermag?
Dazu kämen die Würden und Machtstellen nie an die

Schlechtesten, wenn ihnen selbst etwas von natürlichem und
ihnen eigenem Guten innewohnte. Gegensätzliches nämlich
pflegt sich nicht zu vereinen; die Natur weigert es, daß
Widerstrebendes sich verbindet. Da zweifellos meistens die
Schlechtesten die Würden innehaben, ist daher auch jenes
klar, daß durch eigenes Wesen nicht gut ist, was leidet, daß
es an Schlechten haftet. Von allen Gaben des Glückes darf
man das mit noch mehr Recht glauben, da sie zu den größten Schurken in um so größerer Fülle gelangen. –
Betreffs dieser Dinge ist meiner Ansicht auch folgendes zu
erwägen. Niemand zweifelt, daß tapfer ist, wem du Tapferkeit innewohnen siehst, und wer Schnelligkeit besitzt – das
liegt auf der Hand –, ist schnell. So macht die Musik Musi-
ker, die Medizin Mediziner, die Redekunst Redner; die Natur eines jeden Dinges betreibt nämlich das, was ihr eigentümlich ist, mischt sich nicht mit den Wirkungen entgegen-
gesetzter Dinge und weist von selbst ab, was ihr wider-
spricht. Schätze aber können nicht die unersättliche Habgier
stillen, und Gewalt macht nicht denjenigen seiner mächtig,
den lasterhafte Begierden in unzerreißbaren Ketten ver-
strickt halten. Und auf Schurken gehäufte Würde macht
diese nicht bloß nicht würdig, sondern verrät sie vielmehr
und zeigt sie allen Augen als unwürdig. Warum kommt das
so? Ihr gefallt euch darin, Dinge, um die es anders steht, mit
falschem Namen zu nennen, der leicht durch die Wirkung der
Dinge selbst widerlegt wird! Daher kann das nicht Reichtum, jenes nicht Macht und dies nicht Würde mit Recht geheißen werden. Endlich darf man dasselbe betreffs des ganzen Glückes schließen. In ihm ist offenbar nichts Erstrebens-
wertes, nichts von angeborner Güte. Verbindet es sich
doch nicht immer den Guten und macht nicht gut, wem es
sich anschließt.

Kund ist uns, welch schlimme Zerstörung wirkte[19]
durch den Brand der Stadt, mit der Väter Tötung,
der verroht durch Mord an dem eignen Bruder,

vom vergoßnen Blute der Mutter triefte
und im Blicke streifend den kalten Leichnam
nicht in Tränen netzte sein Antlitz, sondern
Richter sein vermocht' der erloschnen Schönheit.
Und er lenkte doch mit dem Stab die Völker,
welche Phöbus schaut, unters Meer die Strahlen
bergend oder kommend vom fernsten Aufgang,
alle, die der Norden, der kalte, bändigt,
die durch trockne Glut unbeherrschter Südwind
dörrt, den heißen Sand nur noch mehr erhitzend.
Hohe Macht, vermochte sie etwa Neros
tolle Raserei auf die Bahn zu wenden?
Ach das harte Los, wenn das ungerechte
Schwert dem wilden Gift sich hinzugesellet!

Da sagte ich: Du weißt selbst, der Ehrgeiz nach irdischen
Dingen hat mich sehr wenig beherrscht; ich wünschte aber
Stoff zu Taten, auf daß die Tugend nicht still altere.
Und sie: Das ist noch das einzige, was von Natur hervor-
ragende Geister, die aber noch nicht durch Vervollkomm-
nung der Tugenden die letzte Hand erfahren haben, ver-
locken kann: der Wunsch nach Ruhm und der Ruf höchster
Verdienste um das Gemeinwesen. Wie dürftig und ganz
ohne Gewicht dieser ist, mache dir auf folgende Weise
klar!
Der ganze Erdumfang, wie du aus den Darlegungen der
Astronomen weißt, verhält sich zum Himmelsraum – das
steht fest – wie ein Punkt, d. h. man spricht damit das Urteil, daß er, stellt man ihn neben die Größe der Himmels-
kugel, überhaupt keine Ausdehnung besitze. Von diesem so
winzigen Gebiet in der Welt ist es ungefähr der vierte Teil,
wie du nach dem Beweis des Ptolemaios[20] gelernt hast, der
von uns bekannten Lebewesen bewohnt wird. Wenn du von
diesem Viertel in Gedanken abziehst, wieviel Meere und
Sümpfe mit Beschlag belegen und wie weit sich durch Durst
wüstes Gebiet erstreckt, wird kaum noch ein schmaler Raum

für die Menschen zu bewohnen bleiben. In diesen kleinsten
Punkt sozusagen eines Punktes gepfercht und eingeschlossen,
denkt ihr an Ausbreitung des Ruhms, an Hinaustragen eures
Namens, daß etwas Großes und Prächtiges habe ein Ruf,
der in so enge und winzige Grenzen gedrängt ist? Nimm
hinzu, daß selbst diese Schranken einer kleinen Wohnung
noch mehr Nationen bewohnen, unterschieden nach Sprache,
Sitten und der gesamten Lebensführung, zu denen infolge
der Schwierigkeit der Reisen, der Sprachverschiedenheit, des
Mangels an Verkehr nicht nur nicht der Ruhm einzelner
Menschen, sondern nicht einmal von Städten dringen könnte.
Zur Zeit endlich des M. Tullius[21] hatte, wie er selbst an einer
Stelle sagt, der Ruf des römischen Staates noch nicht den
Kaukasus überstiegen. Und er war doch, damals in seiner
besten Kraft, den Parthern sogar und den übrigen Völker-
schaften dieser Gegenden ein Schrecken. Siehst du also, wie
eng, wie eingeschränkt der Ruhm ist, den ihr auszubreiten
und bekanntzumachen euch abmüht? Oder wird etwa der
Ruhm eines Römers dahin gelangen, wo der Ruf des römischen Namens nicht weiterdringen kann? Was sagst du dazu,
daß Sitten und Einrichtungen der verschiedenen Völker
unter sich nicht zusammenstimmen, so daß, was bei den einen
für lobenswert, bei den anderen für strafwürdig gehalten
wird? Daher kommt es, daß, erfreut einen die Lobpreisung
seines Ruhmes, es ihm gar nichts nützt, seinen Namen zu
sehr vielen Völkern hinauszutragen. Es wird also ein jeder
mit einem Ruhme, der sich unter seinen Mitbürgern ausbrei-
tet, zufrieden sein müssen, und jene herrliche Unsterblichkeit
des Ruhmes wird in die Grenzen eines Volkes eingeengt
werden.
Wie viele zu ihrer Zeit hochberühmte Männer aber hat doch
aus Mangel an Schriften Vergessenheit aus dem Gedächtnis
getilgt! Indes, was würden selbst Schriften nützen, die samt
ihren Verfassern nur längeres und finsteres Alter bedrückt?
Ihr aber glaubt euch die Unsterblichkeit zu verschaffen,
wenn ihr an den Ruhm künftiger Zeit denkt! Wenn du sie

aber an die unendlichen Räume der Ewigkeit hältst, wie kannst du dich dann noch über die Dauer deines Namens freuen? Denn die Weile eines Augenblicks, vergleicht man sie mit zehntausend Jahren, bildet, da beide Zeiträume begrenzt sind, wenn auch einen sehr kleinen, so doch überhaupt einen Teil davon; diese Zahl von Jahren selbst aber und ihr noch so großes Vielfaches können mit der unbegrenzbaren Ewigkeit nicht einmal verglichen werden. Denn für Begrenztes ist ein gegenseitiges Nebeneinanderstellen möglich, für Unendliches und Endliches niemals. So kommt es, daß der Ruhm einer noch so weiten Zeit, denkt man ihn zusammen mit der unerschöpflichen Ewigkeit, nicht klein, sondern überhaupt ein Nichts zu sein scheint.

Ihr aber könnt rechttun nur in Hinsicht auf Volksstimmung und leeres Geschwätz. Ihr gebt den Vorrang des Gewissens und der Tugend auf und fordert Lohn von fremdem Geklatsch. Höre, wie artig jemand über den Leichtsinn einer solchen Anmaßung gespottet hat. Als jemand einen Menschen mit scharfen Worten angegriffen hatte, der nicht zur Betätigung wahrer Tugend, sondern zu hoffärtigem Ruhme sich den falschen Namen eines Philosophen beigelegt hatte, und hinzufügte, er werde schon merken, ob jener ein Philosoph sei, wenn er nämlich das ihm angetane Unrecht sanft und geduldig ertrüge, da heuchelte jener ein Weilchen Duldsamkeit, steckte die Schmähungen ein und rief dann triumphierend: Merkst du nun endlich, daß ich ein Philosoph bin? Da sagte dieser sehr bissig: Ich hätte es gemerkt, wenn du geschwiegen hättest![22]

Was aber geht vorzügliche Männer – nur von denen ist nämlich die Rede –, die in der Tugend Ruhm erstreben, was, sage ich, geht sie nach der Auflösung des Körpers bei Todesende der Nachruhm an? Denn wenn, was unsere Lehre zu glauben verbietet, die Menschen ganz sterben, gibt es überhaupt keinen Ruhm, da der, dem er gehören soll, gar nicht mehr vorhanden ist. Wenn aber der Geist, sich guter Taten bewußt, aus dem irdischen Kerker erlöst frei zum Himmel

steigt, sollte er dann nicht jedes irdische Geschäft geringschätzen, er, der sich des Himmels genießend freut, daß er
dem Irdischen entzogen ist?

Wer immer nur mit jachem Sinn nach Ruhme strebt,
    ihn für das Allerhöchste hält,[23]
der soll betrachten, weit erstreckt, des Äthers Feld
    und dann der Erde engen Raum:
erhöhten Namens schämen wird er sich, der nicht
    den kurzen Umkreis füllen mag.
Warum, o Stolze, will den Nacken man – umsonst
    erleichtern von dem sterblich Joch?
Mag Ruhm durch ferne Völker ziehn und weit umher
    ergossen seine Zungen rühren,
in hellen Ehrentiteln glänzen ein gewaltig Haus:
    der Tod verschmähet hohen Ruhm,
umhüllt das niedre und das ragend Haupt ganz gleich
    und ebnet höchsten tiefstem Rang.
Wo bleibt Fabricius'[24] Gebein, des treuen Manns,
    wo Brutus[25] jetzt und Catos[26] Trotz?
Ein karger Nachruhm schreibt mit wenig Lettern nur
    noch einen leeren Namen auf!
Indes, ist, haben wir des Wortes Glanz, vergönnt
    zu kennen, die dahingerafft? –
So liegt ihr also gänzlich unerkennbar uns,
    und Nachruhm macht euch nicht bekannt.
Doch denkt ihr, länger ziehe sich das Leben fort
    durch eines ird'schen Namens Hauch,
so wartet eurer, wenn ein später Tag auch ihn
    entführen wird, ein zweiter Tod.

Aber damit du nicht denkst, ich führe einen unerbittlichen
Krieg gegen die Fortuna: manchmal macht sich diese Betrü-
gerin um die Menschen wohl verdient. Dann nämlich, wenn
sie sich offen gibt, wenn sie die Stirn enthüllt und ihren
Charakter zeigt. Du siehst vielleicht noch nicht, was ich

meine. Merkwürdig ist, was ich zu künden wünsche, und deshalb vermag ich den Gedanken kaum mit Worten zu erklären. Ich bin nämlich des Glaubens, den Menschen nütze ein widriges Geschick mehr als ein günstiges; dies trügt immer unter dem Anschein des Glückes dadurch, daß es hold scheint, das erste ist immer wahr dadurch, daß es sich unbeständig im Wechsel zeigt. Jenes täuscht, dies belehrt. Jenes bindet durch den Schein trügerischer Güter den Geist der Genießenden, dieses befreit ihn durch die Erkenntnis von der Gebrechlichkeit des Glückes. Deshalb kannst du das eine stets windig, aufgebauscht, sich selbst nicht kennend sehen, das andere nüchtern, knapp gegürtet, weise gerade durch die Schule der Widerwärtigkeit. Schließlich zieht ein glückliches Geschick durch seine Schmeichelgaben vom wahren Guten weg in die Irre, ein widriges meist mit seinem Haken zu den wahren Gütern in die Heimat zurück. Oder zählst du das etwa zu den Kleinigkeiten, daß dir dieses rauhe, dieses schreckliche Geschick den Sinn treuer Freunde entdeckte, daß es dir die festen und die unzuverlässigen Mienen der Gefährten sonderte, mit seinem Scheiden die Seinen entführte, die Deinen zurückließ? Um wieviel hättest du das erkauft, als du noch unversehrt und, wie dir schien, glückbegünstigt warst? Jetzt klage über verlorene Schätze: was die kostbarste Art des Reichtums ist, hast du gefunden: Freunde!

Daß das Weltall in fester Treu
einig Wandel im Wechsel reiht,
Elemente in ihrem Kampf
wahren ewig Vertragesband,
daß mit goldnem Gespann empor
Phöbus rosige Tage lenkt,
daß den Sternen, die Hesperos[28]
führet, Phöbe[29] des Nachts befiehlt,
daß das gierige Meer die Flut
im bestimmten Gebiete hält,
daß dem Lande verwehret ist,

schweifend weiter den Rand zu ziehn:
diese Ordnung der Dinge knüpft
sie, die Länder und Meer beherrscht,
Liebe, welche dem All gebeut.
Ließe sie ihre Zügel laß,
was sich jetzt noch einander liebt,
dann erhöb es sogleich den Krieg;
alles eiferte dann, das Werk
aufzulösen, das jetzt in Treu
es in schöner Bewegung treibt.
Sie alleine bewahrt gesellt
Völker auch im geweihten Bund,
auch der Ehe geheiligt Band
knüpfet sie nur in reiner Glut,
sie auch schreibt der Gefährten Treu'
ihre eignen Gesetze vor.
O beglückt ihr, der Menschen Geschlecht,
wenn die Herzen die Liebe führt
so wie diese den Himmel lenkt!

DRITTES BUCH

Sie hatte schon ihr Lied geendet, und mich hielt noch die
Bezauberung der Dichtung gefangen, begierig mehr zu hören
und staunend noch mit gespitzten Ohren. Deshalb sagte ich
erst ein wenig später: O höchster Trost ermatteter Herzen!
Wie hast du mich durch das Gewicht der Gedanken oder
auch durch den angenehmen Gesang wieder erwärmt! So,
daß ich nicht zweifle, hiernach den Schlägen des Schicksals
gewachsen zu sein! So schaudere ich nicht nur nicht vor der
Arznei, von der du sagtest, sie sei etwas schärfer, sondern,
voll Begier zu hören, fordere ich sie heftig.
Da sagte sie: Ich habe es gemerkt, als du meine Worte
schweigend und gespannt einfingst. Und diesen Zustand deines Geistes habe ich erwartet oder, was mehr der Wahrheit
entspricht, selbst bewirkt. Was aussteht, ist nämlich so beschaffen, daß es, kostet man nur davon, beißt, nimmt man
es aber tiefer auf, süß wird. Aber wenn du sagst, du bist
begierig zu hören: wie würdest du erst vor Begier erglühn,
wenn du erkenntest, wohin ich dich zu führen beginne!
Wohin denn? fragte ich.
Zum wahren Glück, das auch dein Geist erträumt. Aber da
dein Blick nur auf Schattenbilder geheftet ist, kannst du
jenes selbst nicht erblicken.
Da sagte ich: Zeige mir bitte ohne Zaudern, ich beschwöre
dich, was jenes wahre Glück ist!
Ich werde es, sagte sie, deinetwegen gern tun. Zuerst aber
werde ich das, was dir bekannter ist, in Worten zu beschrei-
ben und darzustellen suchen, auf daß du, hast du dieses erkannt, wenn du die Augen nach der entgegengesetzten Seite
wendest, das Vorbild, das wahre Glück, erkennen möchtest.

> Wer sich ein frisches Gefilde besän will,[1]
> macht von Gesträuchen die Fluren zuerst frei,
> sichelt die Farne und Brombeerenranken:
> Schwanger wird Ceres mit Frucht dann neu gehen.

Süßer der Bienen beschwerliche Arbeit,
beißt vorher übler Geschmack unsre Zunge.
Holder erglänzen die Sterne wohl, wenn der
Südwind den feuchten Gesang nicht mehr singet.
Erst wenn die Finsternis Lucifer wegscheucht,
treibet ein Sonnentag purpurne Rosse.
Du auch, der unechte Güter erst schaute,
denke den Nacken dem Joch zu entziehen:
dann kann die Wahrheit den Geist dir erfüllen!

Darauf ließ sie ein Weilchen den Blick am Boden ruhen, zog sich gleichsam in die erhabene Wohnung ihres Geistes zurück und begann so: Alles Sorgen der Sterblichen, das die Anstrengung vielfältiger Beschäftigungen zum Ziel hat, schreitet zwar auf verschiedenem Pfade vorwärts, strebt aber doch zu dem einen Ziele, dem Glück, zu gelangen. Dies ist aber *das* Gute, nach dessen Erreichung niemand etwas Weiteres zu ersehnen vermag. Es enthält das höchste aller Güter und alle Güter in sich. Wenn ihm nämlich etwas fehlt, könnte es nicht das Höchste sein, da ja noch etwas draußen gelassen wäre, was man wünschen könnte. Es ist also klar, daß das Glück ein Zustand ist, der durch die Vereinigung aller Güter vollkommen ist.

Den suchen, wie wir sagten, alle Sterblichen auf verschiedenem Pfade zu erlangen; dem Geist der Menschen nämlich ist von Natur die Sehnsucht nach dem wahren Guten eingefügt. Aber der Irrtum zieht sie von dem richtigen Wege ab zum Falschen hin. Die einen von ihnen erachten für das höchste Gut, keinen Mangel zu haben, und arbeiten darauf hin, daß sie im Überfluß des Reichtums schwimmen. Die anderen, in dem Glauben, das wäre das Gute, was der Verehrung am würdigsten sei, streben durch Erlangung von Ehren ihren Mitbürgern achtungswürdig zu sein. Manche sehen das höchste Gut in der größten Macht: die wollen entweder selbst herrschen oder versuchen, sich an die Herrscher zu hängen. Denen aber die Berühmtheit als das Beste erscheint, die eilen, durch Friedens- und Kriegskünste einen ruhmvollen Namen bekannt werden zu lassen. Die meisten aber messen die Frucht des Guten an Vergnügen und Freude; diese halten es für den glücklichsten Zustand, in Genüssen zu schwelgen. Es gibt auch manche, die Ziel und Grund dieser Dinge miteinander vertauschen, wie die, welche Reichtum der Macht und der Genüsse wegen ersehnen, oder die Macht um des Geldes willen oder, um ihren Namen auszubreiten, haben wollen.

Auf dieses und ähnliches richtet sich die Absicht menschlicher Tätigkeit und Wünsche; wie zum Beispiel Adel und Volksgunst, die beide eine gewisse Berühmtheit zu verschaffen scheinen, Frau und Kinder, die man um der Annehmlichkeit erstrebt. Freunde, die lauterste Art, sind indes nicht zum Glück, sondern zur Tugend zu zählen. Das übrige aber eignet man sich der Macht wegen an oder weil es erfreut. Daß vollends die Güter des Körpers zu den obengenannten zu rechnen sind, liegt auf der Hand. Kraft und Größe verleihen scheinbar Macht, Schönheit und Schnelle Berühmtheit, Gesundheit Vergnügen. In diesem allem sucht man, das ist klar, allein das Glück; denn was jeder vor anderem erstrebt, hält er für das höchste Gut. Das höchste Gut aber hatten wir als Glück definiert; deshalb meint man, der Zustand, den jeder vor anderem ersehnt, sei der glückliche.

Du hast also ungefähr die Form menschlichen Glückes vor Augen stehen: Reichtum, Ehren, Macht, Ruhm, Genüsse. Epikur, der diese Dinge allein ansah, hat deshalb folgerichtig behauptet, das höchste Gut sei die Lust, weil alles übrige dem Sinn Genuß zu bereiten scheine.

Ich kehre aber jetzt zu den Bestrebungen der Menschen zurück, deren Seele, wenn auch das Gedächtnis trüb ist, doch ihr eigentliches Gut wiedersucht, jedoch wie trunken nicht weiß, auf welchem Wege sie heimfinden soll. Scheinen denn etwa die zu irren, die sich mühen, an nichts Mangel zu haben? Es gibt doch nichts anderes, was gleicherweise Glück bewirken kann als ein Zustand, der reich an allen Gütern ist und keines Fremden bedarf, sondern sich selbst genügt!

Straucheln etwa die, welche das, was das Beste ist, auch für
achtungsvoller Verehrung am würdigsten halten? Keineswegs! Denn es ist nichts Wohlfeiles und Geringes, was fast
aller Sterblicher Streben zu erlangen sich abmüht. Oder ist
etwa die Macht nicht zu den Gütern zu zählen? Wie? Dann
ist wohl schwächlich und ohne Kraft, was, wie feststeht, hervorragender ist als alle anderen Dinge? Oder ist etwa Berühmtheit für nichts zu erachten? Aber es läßt sich nicht
trennen, daß alles, was am vorzüglichsten, auch das Rühm-
lichste ist. Denn davon braucht doch gar nicht erst die Rede
zu sein, daß das Glück nicht angstvoll, trüb und Schmerzen
nicht unterworfen ist, da man schon in den kleinsten Dingen
das sucht, was zu besitzen und zu genießen Freude macht.
Nun ist dies aber gerade das, was die Menschen erreichen
wollen, und aus dem Grunde ersehnen sie Reichtümer, Würden, herrschende Stellungen, Ruhm und Genüsse, weil sie
meinen, mittels dieser Dinge würden sie zu Genügen, Achtung, Macht, Berühmtheit und Freude kommen. Das Gute
ist also das, wonach die Menschen in so verschiedenem Streben trachten; dabei läßt sich leicht zeigen, wie groß die
Macht der Natur ist, da die Meinungen, mögen sie verschieden und widersprechend sein, doch in der Liebe zum Ziel
des Guten übereinstimmen.

> Mit wie festem Zaum die Macht der Natur[2]
> ihre Dinge lenkt, und in welchem Gesetz
> sie das maßlose Rund fürsorglich bewahrt
> und ein jedes bezwingt im unlöslichen Band
> verknüpfend, gefällt mit tönendem Sang
> zu entlocken dem Spiel, das elastisch gespannt.
> Wenn der punische Leu schöner Fesseln Last
> auch trägt, aus der Hand ihm gereichten Fraß
> auch gerne erschnappt und den trutzigen Herrn,
> seine Schläge gewöhnt zu ertragen, scheut –
> wenn Blut ihm den grausigen Rachen benetzt,
> einst schlafender Mut, er kehret zurück,

und mit tiefem Gebrüll wird er seiner bewußt,
er lockert den Hals, die Knoten gelöst,
und der Bändiger probt, von blutigem Zahn
zerfetzt, zuerst den wütigen Zorn.
Der Vogel, der einst auf gehöhtem Zweig
gesungen, ihn schließt engen Käfiges Stab:
mag mit Honig den Napf ihm bestrichen am Rand
und reichliches Mahl mit süßem Mühn
der Menschen Wartung reichen im Spiel,
wenn im engen Geflecht er hüpfend erblickt
des Gehölzes lieb ihm gebliebenes Laub
mit dem Fuß dann zertritt er das Futter verstreut,
voller Trübsal eins nur sucht er, den Wald,
nach dem Walde erklingt sein süßer Gesang.
Mit gewaltiger Kraft der Hände gepackt
biegt das Reis nach vorn seinen Wipfel geneigt;
läßt die rechte Hand es zu krümmen ab,
den Himmel erschauts mit erhobenem Haupt.
Wenn auch Phöbus sinkt in Hesperiens Meer,
den Wagen führt auf heimlichem Pfad
er doch zurück zum gewohnten Beginn.
Ein jedes erstrebt zurück seine Bahn,
ein jedes erfreut sich der Rückkehr nach Haus,
und keinem verbleibt seine Ordnung gewahrt,
das nicht seinen Anfang dem Ende verknüpft,
einen Kreis erschafft, der in sich fest ruht.

Auch ihr, o irdische Geschöpfe, träumt, wenn auch in dün-
nem Traumbild, von eurem Ursprung, und jenes wahre
Glücksziel erblickt ihr, wenn auch in sehr wenig scharfsehen-
den, so doch überhaupt in euren Gedanken; und deshalb
führt euch ein Naturtrieb zum wahren Guten, mannigfalti-
ges Fehlen aber auch wieder davon weg. Überlege doch, ob
die Menschen mittels der Dinge, durch die sie das Glück zu
erlangen glauben, zu dem ihnen bestimmten Ziel hinzukommen vermögen! Wenn Geld oder Ehren und so weiter etwas

verschaffen, das derart ist, daß ihm keine Güter zu mangeln
scheinen, würden auch wir zugeben, daß jemand durch ihren
Besitz glücklich wird. Wenn sie das aber nicht zu wirken
vermögen, was sie versprechen, und der Mehrzahl der Güter
bar sind, wird dann nicht deutlich der Anschein des Glückes,
den sie sich geben, als falsch ertappt?

Zuerst frage ich dich selbst, der du vor kurzem Reichtum im
Überfluß hattest: Hat dich unter jenen üppigen Schätzen
niemals Angst in Verwirrung gebracht, die dir aus einer Unbill erwuchs?

Doch, sagte ich, ich kann mich nicht erinnern, so freien Geistes gewesen zu sein, daß ich mich nicht ständig um etwas
ängstigte.

Doch wohl, weil entweder fehlte, was du nicht fehlen lassen
wolltest, oder da war, dessen Dasein du gern hättest ver-
meiden wollen?

So ist's, sagte ich.

Hier wünschtest du also seine Gegenwart, dort seine Abwesenheit?

Ich gestehe es, sagte ich.

Es entbehrt aber, sagte sie, ein jeder das, was er wünscht?

Er entbehrt es, sagte ich.

Wer aber irgend etwas entbehrt, ist nicht an jeder Stelle sich
selbst genügend?

Keineswegs, sagte ich.

Du hattest deshalb, sagte sie, obwohl voller Schätze, dieses
Ungenügen zu ertragen?

Wie denn nicht? sagte ich.

Schätze also vermögen nicht bedürfnislos und selbstgenüg-
sam zu machen, und das war es doch gerade, was sie zu versprechen schienen. –

Indes, auch folgendes halte ich besonderer Erwägung für
wert, daß das Geld von Natur aus kein Mittel hat, zu ver-
hindern, daß man es wider Willen der Besitzer wegnimmt.

Ich gestehe es, sagte ich.

Wie solltest du es auch nicht bekennen, da es ja täglich ein

Stärkerer jemandem wider Willen entreißt? Woher kommen
denn die Klagen auf dem Forum, wenn nicht daher, daß
Geld zurückgefordert wird, das man Leuten gegen ihren
Willen mit Gewalt oder Tücke genommen hat?
So ist es, sagte ich.
Ein jeder also, sagte sie, wird von außen geholten Schutzes
bedürfen, um damit sein Geld zu schützen.
Wer könnte das wohl leugnen? sagte ich.
Und doch würde er ihn nicht entbehren, wenn er nicht Geld
besäße, das er verlieren könnte!
Das läßt sich nicht bezweifeln, sagte ich.
Die Sache ist also in ihr Gegenteil umgeschlagen! Denn die
Schätze, die selbstgenügend machen sollten, wie man glaubte,
machen vielmehr fremden Schutzes bedürftig.
In welchem Maß aber läßt sich die Bedürftigkeit durch
Reichtum vertreiben? Gelingt es den Reichen etwa, keinen
Hunger zu haben, keinen Durst zu haben? Empfinden die
Glieder der Geldleute etwa nicht des Winters Kälte? Jedoch,
wirst du sagen, die Reichen haben, womit sie ihren Hunger
sättigen, womit sie Durst und Kälte vertreiben. Aber so
kann zwar die Bedürftigkeit durch den Reichtum besänftigt
werden, ganz beseitigt nicht; denn wenn sie, ewig gierig und
etwas fordernd, durch Reichtum gesättigt wird, muß notwendig etwas an ihr bleiben, was gesättigt werden kann. Ich
schweige davon, daß der Natur das Geringste, der Habsucht
nichts genug ist.
Wenn so Schätze die Bedürftigkeit nicht beseitigen können
und selbst noch ihre eigene verursachen: warum glaubt ihr
dann, sie könnten Genügen gewähren?

> Mag reich vom Quelle, der von Golde überfließt,[3]
> Schätze der geizige Mann scharren, die doch nie genug,
> den Hals mit Perlen laden, weit vom roten Meer,
> und das fruchtbare Land pflügen mit zahllosem Rind,
> der Biß der Sorge fliehet nicht den Lebenden,
> und der nichtige Schatz folget ihm nicht in den Tod!

Aber Würden machen ansehnlich und ehrwürdig, wem sie
zuteil werden! ... Haben etwa Ämter die Fähigkeit, Tugenden in den Geist der Inhaber zu fügen, Laster zu vertreiben?
Sie pflegen doch Schlechtigkeit nicht zu verbannen, sondern
vielmehr ins Licht zu stellen! So geschieht es, daß wir uns
darüber empören, daß sie häufig den nichtsnutzigsten Leuten zugefallen sind. Daher nennt Catull den Nonius[4],
mochte er auch auf kurulischem Sessel sitzen, doch »das Ge-
schwür«! Siehst du, wieviel Schande hohe Stellungen den
Schlechten bringen? Ihr Unwert wird doch weniger offen
zutage liegen, wenn sie in keinen Ehren erstrahlen. Was dich
betrifft: hast du denn etwa durch so viele Gefahren dazu
gebracht werden können, es für richtig zu halten, mit Decoratus[5] zusammen ein Amt zu führen, als du in ihm die Ge-
sinnung eines nichtsnutzigen Possenreißers und Angebers er-
blicktest? Wir können nämlich die nicht wegen ihrer Stellung
für verehrungswürdig halten, die wir dieser Ehren selbst für
unwürdig erachten. Andererseits: wenn du einen mit Weisheit begabt sähest, dürftest du ihn der Verehrung oder der
Weisheit, mit der er begabt ist, für unwürdig halten?
Keineswegs.
Die Würde ist nämlich eine ihr eigene Seite der Tugend, die
sie sogleich auf die überträgt, mit denen sie sich verbindet.
Weil das die gewöhnlichen Ehren nicht bewirken, besitzen
sie offenbar nicht die der Würde eigene Schönheit.
Dabei ist folgendes in noch höherem Grade bemerkenswert:
wenn nämlich jeder um so verächtlicher ist, je mehr ihn verachten, macht die hohe Stellung die Schurken, da sie jene
achtenswert nicht machen kann, vielmehr verächtlicher, wenn
sie sie mehr Menschen zeigt. Aber nicht ungestraft; denn die
Schurken üben gleiche Rache an den Würden: sie beflecken
sie mit ihrer ansteckenden Berührung.
Und damit du erkennst, daß die wahrhafte Ehrfurcht nicht
mit diesen schattenhaften Würden zuteil wird: wenn einer
nach vielfachem Konsulat zu Barbarenstämmen gelangt,
wird diese Ehre ihn dann den Barbaren ehrwürdig machen?

Und doch würden sie, wäre dies das natürliche Amt der
Würden, keineswegs in ihrer Aufgabe säumig sein, wo auch
unter den Völkern sie sein mögen; wie das Feuer überall auf
der Welt doch niemals aufhört, heiß zu sein. Aber da dies
nicht ihre eigentümliche Kraft ist, sondern trügerische Meinung der Menschen sie ihnen nur beilegt, werden sie sogleich
eitel, wenn sie zu denen kommen, die in ihnen keine Würden
sehen. Dies bei den auswärtigen Nationen! Unter denen aber,
bei welchen sie entstanden sind, dauern sie da etwa ewig? . . .
Die Prätur, einst eine gewaltige Amtsstellung, ist doch jetzt
ein leerer Name und eine schwere Last für den Senatoren-
stand! Wenn jemand früher die Getreideversorgung des Volkes unter sich gehabt hatte, so galt er für groß. Was gibt es
jetzt Verächtlicheres als dieses Amt? Wie wir schon vorhin
sagten: was nichts von eigener Schönheit hat, nimmt nach
der Meinung derer, die damit zu tun haben, bald Glanz an,
bald verliert es ihn.
Wenn also Würden nicht ehrwürdig machen können, wenn
sie darüber hinaus durch Berührung der Bösen schmutzig
werden, wenn sie im Wandel der Zeiten zu glänzen aufhören, wenn sie je nach der Schätzung der Völker ihren
Wert einbüßen – was haben sie selbst dann von erstrebenswerter Schönheit an sich? Gar nicht zu reden davon, daß sie
anderen sie verleihen sollten!

> Ob mit tyrischem Purpur stolz sich schmückte[6]
> und unter schneeigen Edelsteinen
> Nero, allen verhaßt verblieb er dennoch
> mit seinem Schwelgen in Grausamkeiten.
> Einst verlieh den verehrungswürd'gen Vätern
> ehrlos kurulisches Amt der Schurke;
> wer kann also beglückt erachten Ehren,
> die so Erbärmliche uns verteilen?

Oder haben etwa Herrschaft und Freundschaft mit Herr-
schern die Kraft, mächtig zu machen? Warum nicht, wenn

ihr Glück ewig dauert? Jedoch, voll ist das Altertum von
Beispielen, voll auch die gegenwärtige Zeit, wie Könige ihr
Glück gegen Unglück getauscht haben. O herrliche Macht,
die sich nicht einmal zur eigenen Erhaltung wirksam genug
erweist!

Wenn diese Herrschermacht weiter Urheberin des Glückes
ist, wird sie dann nicht das Glück mindern, wenn sie an einer
Stelle aussetzt, und ein Gefühl des Elends erregen? Aber
mögen sich die Reiche der Menschen noch so weit erstrecken
– es müssen doch noch mehr Völker übrigbleiben, über welche
die Könige jeweils keine Gewalt haben. Wo aber die beseli-
gende Macht aufhört, muß die Ohnmacht eindringen, die
Elend bringt. So wohnt notwendig in den Königen ein grö-
ßeres Teil Unglück.

Ein Tyrann, der die Gefahren seines Loses kannte, versinn-
bildlichte die Ängste der Herrschaft in dem Grauen eines
Schwertes, das über dem Scheitel hängt. Was ist das also für
eine Macht, die nicht die Bisse der Sorgen vertreiben, den
Stachel des Schreckens nicht meiden kann?

Und dabei würden sie auch lieber selbst sorglos leben, aber
sie können es nicht. Das ist der Grund, weshalb sie sich ihrer
Macht brüsten. Oder hältst du den für mächtig, den du etwas wollen siehst, was er nicht erwirken kann? Hältst du
den für mächtig, der seine Seite durch Begleiter schützt? Der
vor denen, die er schreckt, selber mehr Furcht hat? Der sich
in die Hand seiner Diener begibt, um mächtig zu scheinen?

Denn was soll ich über die Vertrauten der Könige sagen, wo
ich doch zeige, daß die Herrschaft selbst voller Schwächen
ist? Die Königsmacht wirft sie zu Boden, häufig selbst unversehrt, häufig auch in ihrem Sturz. Nero zwang seinen
Vertrauten und Lehrer Seneca zur Wahl seiner Todesart.
Antonius[7] hat Papinianus[8], der lange am Hofe mächtig war,
den Schwertern der Soldaten vorgeworfen. Dabei wollten
beide ihrer Macht entsagen. Seneca versuchte sogar, seine
Schätze Nero zu überlassen und sich in ein stilles Leben zurückzuziehen. Aber indem die im Sturz Begriffenen allein

schon ihr Gewicht niederzog, erreichte keiner, was er
wollte.
Was ist also diese deine Macht, die ihre Inhaber fürchten, der
du nicht ausweichen kannst, wenn du sie niederlegen willst,
und in der du, willst du sie behalten, nicht sicher bist?
Oder sind etwa Freunde ein Schutz, die nicht die Tugend,
sondern das Glück verschafft? Wen das Glück zum Freunde
macht, macht Unglück zum Feinde! Welches Unheil kann
wirksamer schaden als ein Feind, der dein Vertrauter war?

> Wer mächtig zu werden sich wünschet,[9]
> der bezwinge die trotzigen Triebe,
> den Nacken besiegt von Begierde
> überlaß er nicht schimpflichen Zügeln!
> Denn möchte auch Indiens Erde
> weit zittern vor deinen Geboten
> und dienen das äußerste Thule:
> die finstren Sorgen zu scheuchen,
> erbärmliche Klagen zu bannen
> nicht vermögen, ist Macht nicht zu nennen!

Ruhm gar, wie trügerisch ist er oft, wie häßlich! Daher ruft
der Tragiker[10] nicht mit Unrecht aus:

> O Ruhm, o Ruhm, unendlich vielen Menschen hast
> du, nichtigen, nur aufgebläht ihr Leben groß![11]

Viele nämlich haben oft ihren großen Namen durch die falschen Meinungen des Pöbels davongetragen. Was läßt sich
Häßlicheres ausdenken als dies? Denn die, welche falsch gepriesen werden, müssen doch bei ihrem Lobe selbst schamrot
werden. Und auch wenn es durch Verdienste erworben ist,
was könnte es zum Bewußtsein des Weisen hinzufügen, der
sein Gut nicht nach dem Gerede der Menge, sondern an der
Wahrhaftigkeit seines Gewissens mißt?
Wenn aber schon dies, seinen Namen verbreitet zu haben,
schön erscheint, so folgt daraus, daß man es für schimpflich

hält, ihn nicht verbreitet zu haben. Da aber, wie ich kurz
vorher ausführte, die Völker notwendig in der Überzahl
sind, zu denen die Kunde von einem einzelnen Menschen
nicht dringen kann, kommt es, daß derjenige, den du für
ruhmvoll hältst, schon im Nachbarlande unberühmt ist.

Die Volksgunst halte ich unter diesen Dingen nicht einmal
der Erwähnung für wert: sie kommt nicht durch Urteil zustande und hat auch niemals feste Dauer.

Wie eitel gar, wie nichtig das Adelsprädikat ist, sieht jeder.
Wenn man es auf Ruhm zurückführt, so ist er ein fremder.
Adel ist doch offenbar ein Lob, das von den Verdiensten der
Eltern rührt. Wenn nun Rühmen Berühmtheit verschafft,
sind notwendig jene berühmt, die gerühmt werden; deshalb
macht dich fremde Berühmtheit nicht angesehen, wenn du
nicht deine eigene hast. Wenn überhaupt im Adel etwas Gutes liegt, so ist es, glaube ich, das eine allein, daß den Adligen
der Zwang auferlegt scheint, in ihrer Art nicht die Vollkommenheit der Vorfahren zu verleugnen!

Aller Menschen auf Erden Geschlecht ist von Stamm
                          ähnlichen Ursprungs.[12]
Einer ist Vater nämlich der Welt und allein lenkt er das
                          Ganze.
Er hat Phöbus die Strahlen verliehn, und dem Mond gab er
                          die Sichel,
Er gab der Erde die Menschheit auch, wie die Sternbilder
                          dem Himmel,
Er verschloß in die Glieder den Geist, den er holt' hoch von
                          dem Thronsitz;
also gebiert ein edeler Keim überall jeden, der sterblich.
Prahlt ihr mit Ahnen und euerm Geschlecht? Wenn du
                          schaust auf euern Anfang,
wenn du auf Gott, euern Schöpfer, blickst, gibt es Unedeles
                          niemand,
der nicht in Lastern das Schlechtere pflegt, seinen Ursprung
                          nicht im Stich läßt!

Was soll ich weiter von des Körpers Genüssen sprechen? Ihr
Begehren ist mit Angst verbunden, ihre Befriedigung mit
Reue. Wie schwere Krankheiten, wie unerträgliche Schmerzen pflegen sie dem Körper der Genießenden einzutragen
als Zins ihrer Torheit. Was ihre Erregung Angenehmes haben
soll, weiß ich nicht; daß aber der Genüsse Ende trüb ist, wird
jeder erkennen, der sich seiner eigenen Gelüste erinnern will.
Wenn sie glücklich machen können, dann können wir mit
gutem Grund auch das Vieh auf der Weide glücklich nennen,
dessen ganzes Bestreben ja mit Eifer beflissen ist, die Leere
des Körpers zu stopfen. Am reinsten wäre zwar die Freude
über Weib und Kinder. Aber es entspricht nur zu sehr den
Tatsachen, was man gesagt hat: irgendein Folterknecht habe
Söhne erfunden! Mit welchen Bitternissen ihr Zustand, wie
er auch sei, verbunden ist, daran muß man dich erinnern, da
du es sonst nicht erfahren hast und auch jetzt darum nicht
sorgst. Ich billige hierbei das Wort meines Euripides, der
den Kinderlosen durch Unglück glücklich nannte![13]

> Alle Lust ist dieses Wesens:
> im Genuß mit Stacheln reizt sie
> und – wie Bienen, die da fliegen –
> wenn sie süß gespendet Honig,
> dann entflieht sie, quält mit allzu
> zähem Stich getroffne Herzen.

Es ist also gar nicht zweifelhaft, daß diese Wege zum Glück
abwegiges Gelände sind und niemanden dorthin zu führen
vermögen, wozu sie ihn zu führen versprechen. Mit wie vielen Übeln sie aber unlösbar verbunden sind, will ich aufs
kürzeste zeigen. Wie denn? Du willst Geld zusammenzu-
scharren suchen? Aber du wirst es dem Besitzer rauben. Du
möchtest in Würden glänzen? Du wirst vor dem Geber bitt-
fällig werden und du, der die übrigen an Ehre übertreffen
will, wirst durch Demütigung bei der Bewerbung gemein.
Du ersehnst Macht? Den Nachstellungen der Unterworfenen

verfallen, wirst du unter Gefahren leben. Du möchtest Ruhm
erstreben? Aber durch harte Dinge nach allen Seiten in Anspruch genommen, hörst du auf, frei von Sorge zu sein. Du
möchtest ein Genußleben führen? Aber wer verschmähte und
verachtete nicht einen Sklaven des wertlosesten und gebrech-
lichsten Dinges, des Körpers?

Die vollends, die sich der Vorzüge des Körpers brüsten, auf
einen wie geringen, wie gebrechlichen Besitz stützen sie sich!
Werdet ihr etwa die Elefanten an Masse, die Stiere an Kraft,
die Tiger an Schnelligkeit übertreffen können? Blickt auf
die Weite, die Festigkeit, die Raschheit des Himmels und hört
einmal auf, Wertloses zu bewundern! Der Himmel ist freilich nicht so sehr dieser Dinge als vielmehr seiner Vernunft
wegen, mit der er regiert wird, der Bewunderung wert.

Der Schönheit Glanz gar – wie reißend schnell, wie kurz
dauernd ist er! Flüchtiger als der Frühlingsblüten Welken!
Wenn aber, wie Aristoteles sagt, die Menschen die Augen
des Lynkeus[14] hätten, so daß ihr Blick, was ihm entgegen-
steht, durchdränge, würde dann nicht der an der Oberfläche
überaus schöne Leib des Alkibiades, sähe man ins innerste
Mark, überaus häßlich erscheinen? Also macht, daß du schön
erscheinst, nicht deine Natur, sondern es bewirkt die
Schwäche der Augen derer, die dich sehen.

Aber schätzt die Güter des Körpers nur so hoch ihr wollt
ein, wenn ihr nur das wißt: alles, was ihr bewundert, kann
sich in dem bißchen Glut eines Dreitagefiebers auflösen. –

Aus diesem allem dürfen wir als Summe ziehen: diese Güter,
die weder halten können, was sie versprechen, noch durch
Vereinigung aller Güter vollkommen sind, führen nicht wie
ein Pfad zum Glück und machen auch selbst nicht glücklich.

> Ach, wie führt von dem Pfad seitwärts bejammernswert
> die Torheit in die Irre euch![15]
> Ihr durchsuchet nach Gold grünes Gezweige nicht
> und pflückt nicht Edelstein vom Wein,
> ihr stellt heimlich das Netz nicht im Gebirge auf,

daß ihr bereichert euer Mahl mit Fisch,
noch, wenn Lust euch befällt, jagen zu gehn aufs Reh,
befahret ihr Tyrrhenerflut![16]
Ja, bekannt ist sogar ihnen des Meers Versteck,
das tief die Woge in sich birgt,
wo die See lieber trägt schneeiger Perlen Zier
und wo den roten Purpurschneck,
wo das Gestade hervor raget durch zarten Fisch
und wo durch rauhen Seestern nur.
Aber wo sich verbirgt, was ihr Begehr, das Gut,
dies nicht zu wissen, dulden sie blind.
Und was jenseits verweilt hinter dem Sternenzelt,
getaucht ins Erdreich suchen sie's.
Was erfleh ich herab Würd'ges dem dumpfen Geist?
Nach Schätzen, Ehren geh ihr Trieb
und erst, wenn sie errafft Falsches mit schwerer Last,
dann mögen sie das Wahre schaun!

Bis hierher die Gestalt des lügnerischen Glückes gezeigt zu
haben, mag genug sein. Wenn du es klar schaust, ist nun an
der Reihe zu zeigen, welches das wahre ist. Ich erkenne,
sagte ich, daß weder durch Reichtum Genügen, noch durch
Herrschaft Macht, noch Verehrung durch Würden, Ansehen
durch Ruhm, Freude nicht durch Genüsse zuteil werden
kann.
Hast du etwa auch die Gründe gemerkt, warum das so ist?
Wie durch einen dünnen Spalt glaube ich sie zwar zu erblicken, aber ich möchte sie lieber von dir offener dargelegt
kennenlernen.
Und doch liegt der Grund auf der Hand. Was nämlich einfach und unteilbar von Natur ist, das trennt menschliches
Irren und verwandelt es aus Wahrem und Vollkommenem
in Falsches und Unvollkommenes. Oder glaubst du etwa,
was keines Dinges bedarf, hat Mangel an Macht?
Keineswegs, sagte ich.
Richtig; denn wenn es etwas ist, was in irgend etwas von zu

schwacher Kraft wäre, würde es darin notwendig fremden Schutzes bedürfen.

So ist es, sagte ich.

Also besitzen Selbstgenügen und Macht ein und dasselbe Wesen.

Offenbar.

Was aber derart ist, darf man das nach deiner Meinung verachten oder ist es im Gegenteil das Allerverehrungswürdigste?

Daran darf man nicht einmal zweifeln, sage ich.

Fügen wir also zum Selbstgenügen oder der Macht noch die Würde hinzu, auf daß wir urteilen, diese drei seien eins.

Das wollen wir hinzufügen, wenigstens wenn wir Wahres aussagen wollen.

Wie aber? sagte sie, meinst du, daß dieses unbekannt und unansehnlich ist oder das in aller Berühmtheit Strahlendste? Sieh aber zu, daß nicht der Berühmtheit entbehre, die es sich selbst nicht verschaffen könnte, was, wie zugegeben, keiner Sache bedarf, am mächtigsten und am ehrwürdigsten ist, und so an einer Stelle geringwertiger sei.

Ich muß, so wie es ist, auch bekennen, daß es am ruhmvollsten ist.

Daraus folgt also, daß wir gestehen müssen: auch die Berühmtheit unterscheidet sich nicht von den drei oberen.

Das folgt, sagte ich.

Was also nun keines Fremden bedarf, was durch eigene Kraft alles vermag, was berühmt und ehrwürdig ist, ist das nicht auf jeden Fall auch das Froheste?

Ich kann nicht einmal ausdenken, sage ich, woher irgendwelche Trauer ein solches befallen könnte; deshalb muß man notwendig bekennen, wenigstens wenn das oben Gesagte sich als haltbar erweist, daß es voller Freude ist.

Aber auch das ist aus denselben Gründen ein notwendiger Schluß, daß Selbstgenügen, Macht, Ruhm, Ehrwürdigkeit und Lust zwar verschiedene Namen haben, daß sich aber ihr Wesen gar nicht unterscheidet.

Das ist nötig, sagte ich.

Dies also, was eine Einheit und einfach von Natur ist, zerteilt die menschliche Torheit und, während sie versucht, einen Teil einer Sache, die keine Teile hat, zu erlangen, erreicht sie weder den Teil, den es nicht gibt, noch sie selbst, die sie gar nicht erstrebt.

Wie denn? fragte ich.

Wer nach Reichtum geht, sagte sie, um dem Mangel zu entfliehen, macht sich keine Gedanken um die Macht, will lieber Durchschnitt und unbekannt sein und entzieht sich auch viele natürliche Freuden, um das Geld nicht zu verlieren, das er sich erworben. Aber auf diese Weise wird ihm auch nicht Genügen zuteil, ihm, den die Macht im Stich läßt, den Verdruß quält, den Wertlosigkeit verächtlich macht, den Dunkel verbirgt. Wer aber nur Machthaben ersehnt, tritt den Reichtum mit Füßen, verachtet Genüsse und Ehre ohne Macht, auch Ruhm schätzt er für nichts. Indes, du siehst, wievieles auch diesem fehlt; es kommt nämlich vor, daß er manchmal das Nötigste entbehrt, daß er von Ängsten gepeinigt wird, und da er das nicht vertreiben kann, auch das, was er am meisten erstrebte, nämlich mächtig zu sein, aufhört. Ähnlich kann man bei Ehren, Ruhm, Genüssen argumentieren; denn da jedes einzelne von diesen Dingen dasselbe ist wie das übrige, ergreift, wer eines von diesen ohne die übrigen erstrebt, auch jenes nicht, was er ersehnt.

Wie denn, sagte ich, wenn einer alles zugleich zu erlangen wünschte?

Der würde zwar das Ganze des Glückes wollen; aber wird er es etwa in den Dingen finden, die, wie wir zeigten, das nicht bringen können, was sie versprechen?

Keineswegs, sagte ich.

In diesen Dingen also, die, wie man glaubt, einzelne der erstrebenswerten Güter gewähren, ist dem Glück nicht auf die Spur zu kommen.

Ich gestehe es, sagte ich, und nichts Wahreres als dies läßt sich sagen. –

Du hast also jetzt, sprach sie, die Gestalt des falschen Glück-
kes und seine Ursachen. Wende nun den Blick deines Geistes
in die entgegengesetzte Richtung! Dort wirst du nämlich das
wahre, das wir versprachen, sogleich sehen.
Aber das ist doch jetzt, sprach ich, sogar einem Blinden er-
kennbar, und du hast es ja kurz vorher, während du die
Ursachen des falschen offenzulegen suchtest, gezeigt. Denn
ich müßte mich sehr täuschen, wenn nicht dies das wahre
und vollkommene Glück ist, das selbstgenügend, mächtig,
ehrwürdig, berühmt und froh macht. Und damit du siehst,
ich habe es tief begriffen: ich erkenne ohne Zweifel, daß,
was eines von diesem wahrhaft gewähren kann, das volle
Glück ist, da ja alles dasselbe ist.
O glücklich, Sohn, ob dieser Meinung, wenn du noch dieses
hinzufügst!
Was denn? fragte ich.
Glaubst du etwa, daß in diesen irdischen und hinfälligen
Dingen etwas sei, was einen so gearteten Zustand herbeifüh-
ren könnte?
Keineswegs, sagte ich, glaube ich es. Dies wurde von dir so
gezeigt, daß nichts mehr zu wünschen bleibt.
Sie scheinen den Menschen also Schattenbilder des wahren
Gutes oder gewisse unvollkommene Güter zu geben, ein
wahres und vollkommenes Gut vermögen sie jedoch nicht zu
bringen.
Ich stimme bei, sagte ich. –
Da du also nun erkannt hast, was jenes Wahre ist, auf der
anderen Seite, was ein Glück nur vorlügt, bleibt jetzt
noch übrig, daß du erkennst, woher du das wahre holen
kannst.
Das, sagte ich, erwarte ich schon längst sehnsüchtig.
Aber da man, sagte sie, wie es im Timaios meinem Plato gefällt, auch in den kleinsten Dingen göttliche Hilfe anflehen
muß: was müssen wir nach deiner Meinung jetzt tun, damit
wir die Heimat jenes höchsten Gutes zu finden verdienen?
Wir müssen den Vater aller Dinge anrufen, sagte ich.

Wenn man dies unterläßt, kann kein Beginn recht gegründet sein.
Richtig, sagte sie, und begann zugleich folgende Weise:

Du, der das Weltall in ewiger Satzung beherrschet, des
Himmels[17]
und der Erden Schöpfer, der du von Ewigkeit wandeln
hießest die Zeit und in Ruh selbst, gibst, daß sich alles
bewege,
den nicht äußere Gründe getrieben, aus flutendem Stoffe
auszuformen das Werk, sondern eingeborene Form des
höchsten Guten, das frei von Mißgunst: du leitest alles
ab vom Vorbild droben, im Geist das herrliche Weltall
tragend, selber am schönsten, es formend in ähnlichem
Abbild,
und befiehlst dem Vollkommnen vollendete Teile zu bilden.
Du erbändigst durch Zahlen den Urstoff, daß sich die Kälte
schickt in die Flamme, das Trockne dem Flüssigen, daß nicht
das Feuer
zu rein entfliege oder die Massen die Erde versenken.
Du bist's, der füget als Mitte[18] die alles bewegende Seele
dreigeteilter Natur und sie löset in einträcht'ge Glieder;
da sie zerteilt die Bewegung in doppeltem Kreise geballt hat,
läuft sie ins Selbst sich zu kehrn und umkreiset die Tiefe des
Geistes,
dreht auch herum zugleich nach ähnlichem Bilde den
Himmel.
Du führst geringere Seelen und Wesen hervor durch gleichen
Grund und die flüchtigen fügend an leichte Gefährte,
verteilst du
diese der Erde, jene dem Himmel; nach gütiger Satzung
dir zugewendet läßt du sie heimkehren geleitet durchs Feuer.
Gib dem Geiste, o Vater, den erhabenen Sitz zu erklimmen;
gib die Quelle des Guten zu schaun; wenn das Licht so
gefunden,

gib, daß von Angesicht auf dich das Auge des Geistes sich
                                                    hefte!
Schlage entzwei Gewicht und Nebel der irdischen Schwere!
Strahle in deinem dir eigenen Glanze; denn du bist das
                                                   Heitre,
Du bist ruhige Rast allen Frommen, dich sehen ist Endziel,
Anfang, Beweger du, Führer und Pfad und Ende im
                                                 gleichen!

Da du also nun gesehen hast, welches die Gestalt des unvoll-
kommenen Guten und auch die des vollkommenen Guten ist,
glaube ich jetzt darlegen zu müssen, wo denn diese Vollkommenheit des Glückes wohnt. –
Dabei glaube ich dies erst untersuchen zu sollen: ob irgendein Gut dieser Art, wie du es kurz vorher umschrieben, überhaupt in der Natur entstehen kann, auf daß uns nicht – abgesehen von der hypothetischen Wahrheit – im übrigen ein
leeres Gedankenbild foppe. Aber daß es entsteht und gleichsam die Quelle aller übrigen Güter ist, läßt sich nicht leugnen; alles nämlich, von dem man sagt, es sei unvollkommen,
das, sagt man damit, ist unvollkommen durch Minderung
des Vollkommenen. Daraus folgt, daß, wenn in irgendeiner
beliebigen Art irgend etwas Unvollkommenes zu sein scheint,
es in ihr auch notwendig etwas Vollkommenes gibt; denn
höbe man die Vollkommenheit auf, so kann man sich auch
nicht ausdenken, woher jenes, was unvollkommen genannt
wird, entstanden ist. Die Natur nahm nämlich nicht von Ge-
mindertem und Mangelhaftem ihren Anfang, sondern von
Unversehrtem und Vollkommenem ausgehend verfällt sie in
diese letzten und erschöpften Dinge. Wenn nun, wie wir
kurz vorher zeigten, das unvollkommene Glück eines zer-
brechlichen Gutes existiert, läßt sich nicht bezweifeln, daß
auch ein festes und vollkommenes vorhanden ist.
Der Schluß ist, sagte ich, überaus fest und wahr. –
Wo es aber wohnt, sagte sie, darüber stelle folgende Erwä-
gungen an. Daß Gott, der Fürst aller Dinge, gut ist, beweist

die allen menschlichen Geistern gemeinsame Vorstellung. Denn da sich nichts ausdenken läßt, was besser wäre als Gott, wer könnte dann zweifeln, daß das, darüber hinaus nichts besser ist, gut ist? Die vernünftige Überlegung zeigt aber, daß Gott in *der* Weise gut ist, daß nach ihrem Beweise in ihm das vollkommene Gute wohnt. Denn wäre es nicht so beschaffen, wird er nicht der Fürst aller Dinge sein können; wird doch etwas im Besitze des vollkommenen Guten dann hervorragender sein als er, weil dieses nun das Frühere und Ältere zu sein schiene; denn alles Vollkommene – das ist klar geworden – ist das Frühere dem weniger Unberührten gegenüber. Deshalb muß man, damit der Gedanke nicht ins Unendliche fortschreite, zugeben, daß Gott, der Höchste, erfüllt ist vom höchsten und vollkommenen Guten. Das vollkommene Gute aber, so haben wir aufgestellt, ist das vollkommene Glück. Das wahre Glück also muß notwendig in Gott, dem Höchsten, wohnen.

Ich nehme an, sagte ich, und man kann nichts dawider sagen.

Aber sieh bitte darauf, sagte sie, wie du möglichst heilig und unverletzlich beweisest, daß Gott, der Höchste, vom höchsten Guten am meisten erfüllt sei.

Wie denn? sagte ich.

Daß du dir nicht etwa von vornherein die Vorstellung bildest, daß dieser Vater aller Dinge jenes höchste Gut, von dem er erfüllt sein soll, entweder von außen empfangen habe oder so von Natur besitze, als ob du das Wesen des besitzenden Gottes und des besessenen Glückes als verschieden denken könntest. Denn wenn du es von außen empfangen glaubst, so könnte man das, was gab, für hervorragender halten als das, was empfing. Aber wir bekennen geziemend, daß er der Hervorragendste unter allem ist. Wenn es aber von Natur zwar innewohnt, aber seinem Wesen nach verschieden ist, da mag, wer kann – da wir ja über Gott, den Fürsten der Dinge, sprechen – sich ausdenken, wer diese verschiedenen Dinge vereinigt hat. Zum Schlusse: was von

einem beliebigen Ding verschieden ist, das ist nicht jenes, von
dem es nach jedermanns Einsicht verschieden ist. Was deshalb wesenhaft vom höchsten Guten verschieden ist, das ist
nicht das höchste Gut. Und das darf man nicht von dem
denken, von dem feststeht, daß es nichts Hervorragenderes
gibt als ihn. Überhaupt nämlich wird die Natur keines Dinges besser sein können als ihr Ursprung. Deshalb darf ich
wohl ganz der Wahrheit entsprechend schließen, daß das,
was aller Ursprung ist, auch seinem Wesen nach das höchste
Gute ist.

Sehr richtig, sagte ich.

Aber das höchste Gute ist zugestandenermaßen das Glück.

So ist es, sagte ich.

Also, sagte sie, ist es notwendig, zu bekennen, daß Gott das
Glück selbst ist.

Ich kann, sagte ich, den früheren Sätzen nicht widersprechen
und erkenne, daß diese Folgerung ihnen entspricht.

Sieh zu, sagte sie, ob sich nicht auch von dieser Seite dasselbe
noch fester beweisen läßt, daß zwei höchste Güter, die untereinander verschieden sind, nicht sein können: wenn Güter
verschieden sind, so ist klärlich das eine nicht, was das andere ist; deshalb wird keines vollkommen sein, da jedem
das andere fehlt. Daß aber nicht das höchste ist, was nicht
vollkommen ist, liegt auf der Hand. Auf keinen Fall also
können die Güter, welche die höchsten sind, verschieden sein.
Und doch haben wir geschlossen, daß sowohl das Glück als
auch Gott das höchste Gut seien. Deshalb muß, was die
höchste Gottheit ist, selbst das höchste Glück sein.

Nichts, sagte ich, kann man wirklich Wahreres, in der Be-
weisführung Festeres und Gottes Würdigeres schließen.

Darüber hinaus, sagte sie, werde ich noch eine Zugabe schenken, ebenso wie die Mathematiker nach dem Beweis ihrer
Sätze noch etwas beizubringen pflegen, was sie selbst die
Diskussion heißen. Nämlich: da die Menschen durch Erlangung des Glückes glücklich werden, Glück aber die Gottheit
selbst ist, liegt es auf der Hand, daß sie glücklich werden

durch Erlangung der Gottheit. Wie sie aber durch Erlangung der Gerechtigkeit gerecht werden, der Weisheit weise, so müssen in gleicher Weise diejenigen, die Gottheit erlangten, Götter werden. Jeder Glückliche also ist Gott. Von Natur ist es nämlich einer. Es hindert aber nichts, daß es durch Teilhabe so viele wie möglich sind.

Das ist schön, sagte ich, und kostbar, ob du es nun lieber Diskussion oder Zugabe genannt wissen willst.

Nichts jedoch ist auch schöner als folgendes, was mit diesen Dingen verknüpft werden muß, wie die Überlegung überzeugend klarstellt.

Was? fragte ich.

Da das Glück, sagte sie, offenbar viele Dinge enthält: bildet dieses alles gleichsam einen Körper des Glückes bei bestimmter Verschiedenheit der Teile oder gibt es unter ihnen etwas, was das Wesen des Glückes restlos erfüllt und bezieht sich das übrige nur darauf?

Ich möchte, sagte ich, du legtest es durch Erwähnung der Dinge selbst klar.

Wir sind doch, sagte sie, der Meinung, das Glück sei ein Gut?

Ja, und zwar das höchste, sagte ich.

Du kannst noch folgendes zu allem hinzufügen, sagte sie. Das Glück ist zugleich – so urteilt man – höchstes Genügen, höchste Macht, auch Ehrwürdigkeit, Berühmtheit und Freude. Wie nun? Dies alles, Gut, Selbstgenügen, Macht usw. sind dies gleichsam eine Art Glieder des Glückes oder steht alles zum Guten in Verbindung wie zu seinem Scheitelpunkt?

Ich begreife, sage ich, was du für eine Untersuchung vorschlägst, aber ich wünsche lebhaft zu hören, was du darüber aufstellst.

Die Entscheidung dieser Sache verstehe so: wenn dies alles Glieder des Glückes wären, würden sie sich auch untereinander unterscheiden; denn das ist das Wesen der Teile, daß sie, selbst verschieden, zusammen einen Körper bilden. Es ist

aber gezeigt worden, daß dieses alles dasselbe ist. Also sind
es keineswegs Teile. Sonst wird das Glück aus einem Glied
zusammengesetzt erscheinen – eine Unmöglichkeit.

Das ist nicht zweifelhaft, sagte ich, aber ich warte auf das,
was noch aussteht.

Daß das übrige auf das Gut zurückbezogen ist, ist klar. Deshalb nämlich erstrebt man Selbstgenügen, weil es für ein Gut
gilt, deshalb Macht, weil man sie für ein Gut hält; dasselbe
läßt sich über Ehrwürdigkeit, Berühmtheit, Lust sagen. Die
Summe und Ursache also alles Erstrebenswerten ist das
Gute; denn was weder in Wahrheit oder dem Anschein nach
ein Gut in sich birgt, das kann auf keine Weise erstrebt werden. Hingegen wird auch das, was von Natur nicht gut ist,
doch erstrebt, als wären es wahre Güter, wenn es so scheint.
Woraus folgt, daß man mit Recht die Güte für die Summe,
den Angelpunkt und die Ursache alles Erstrebenswerten
hält. Das aber, dessentwegen man etwas erstrebt, scheint
eigentlich gewünscht zu werden, wie wenn einer der Gesundheit wegen reiten will, nicht so sehr die Reitbewegung
als vielmehr ihre Wirkung, die Gesundheit nämlich, ersehnt.
Da man also alles um des Guten willen erstrebt, wird nicht
jenes, sondern vielmehr das Gute selbst von allen begehrt.
Das aber, dessentwegen man das übrige wünscht, hatten wir
zugestanden, ist das Glück. Daraus erhellt deutlich, daß das
Wesen des Guten selbst und des Glückes ein und dasselbe
ist.

Ich sehe nicht, wie jemand anderer Meinung sein könnte.

Wir haben aber gezeigt, daß Gott und wahres Glück ein und
dasselbe sind.

Jawohl, sagte ich.

Wir dürfen also ruhig schließen, daß auch Gottes Wesen
nirgendwo anders wohnt als im Guten selbst.

> Alle kommet hierher, o ihr Gefangnen,[10]
> die voll Trug und in schlimmen Ketten fesselt
> Gier, die irdischen Geistern innewohnet,

hier wird Ruh euch sein eurer schweren Kämpfe,
dies der Hafen, der sanften Frieden wahret,
dies allein den Elenden offne Zuflucht.
Nicht was immer der Tagus[20] schenkt mit goldnem
Sande oder Hermus[21] mit rotem Ufer
oder Indus, dem heißen Erdkreis nahe,
schimmernd hellen Steinen die grünen mischend,
kann das Auge erhelln, und hält den blinden
Geist noch mehr versenkt in das eigne Dunkel.
Alles, was auch gefällt, den Geist euch aufpeitscht,
hat die Erde tief im Geklüft genähret;
Glanz jedoch, der den Himmel lenkt und frischet,
flieht das Trümmerfeld einer dunklen Seele.
Wer dies Licht zu erkennen Macht hat, wird selbst
Phöbus' Strahlenglanz seine Helle leugnen.

Ich stimme bei, sagte ich; alles ist nämlich fest gefügt, weil es
durch die sichersten Gründe verknüpft ist.
Da sagte jene: Wie hoch wirst du es erst schätzen, wenn du
erkennst, was das Gute selbst ist.
Unendlich hoch, sagte ich, wenn es mir gelingt, Gott, der das
Gute ist, genau so zu erkennen.
Aber, sagte sie, ich werde es dir durch die untrüglichste Be-
gründung eröffnen, wenn nur bestehen bleibt, was kurz vor-
her erschlossen wurde.
Es wird bestehen bleiben.
Wir haben doch, sagte sie, gezeigt, daß die von der Mehr-
zahl erstrebten deshalb keine wahren und vollkommenen
Güter sind, weil sie sich untereinander unterscheiden? Da
das eine dem anderen fehle, könnten sie kein volles und ab-
geschlossenes Gut bringen. Dann aber würden sie ein wahres
Gut, wenn sie sich in eine Form gleichsam und zu einer
Wirkkraft sammelten, so daß, was Genügen, zugleich auch
Macht, Ehrwürdigkeit, Berühmtheit und Freude ist. Daß sie
aber nur dann, wenn alle ein und dasselbe sind, zu dem Erstrebenswerten gerechnet werden dürfen.

Das ist gezeigt, sagte ich, und man kann es gar nicht bezweifeln.

Was also, unterscheidet es sich, keineswegs Güter sind, beginnt es aber eins zu sein, Güter werden, dem muß dies doch
wohl durch Erlangen der Einheit zufallen, daß es Güter
werden.

Ja, sagte ich, es scheint so.

Alles aber, was gut ist, ist durch Teilnahme am Guten gut.
Das gibst du doch wohl zu, oder nicht?

Jawohl.

So mußt du ebenso zugeben, daß das Eine und das Gute
dasselbe sind; denn gleiches Wesen besitzen die Dinge, deren
Wirkung von Natur nicht verschieden ist.

Ich kann es nicht leugnen, sagte ich.

Erkennst du nun, sagte sie, daß alles, was ist, so lange bleibt
und besteht, wie es eins ist, aber untergeht und sich auflöst
mit dem Augenblick, wo es eins zu sein abläßt?

Wie denn?

Wie zum Beispiel bei den Lebewesen, sagte sie: wenn Körper
und Seele in eins zusammengehen und darin verharren, so
wird das ein Lebewesen geheißen; wenn aber diese Einheit
beider sich durch Trennung auflöst, so ist klar, daß es zugrunde geht und kein Lebewesen mehr ist. Das gilt auch für
den Körper selbst: wenn er durch die Verbindung der Glieder in einer Form bleibt, erblickt man einen Menschen; wenn
aber die Teile des Körpers, verstreut und getrennt, die Einheit zerrissen haben, hört er auf, zu sein, was er war. Und
wenn du so das Übrige überblickst, wird ohne Zweifel offen
zutage liegen, daß ein jedes besteht, so lange es eins ist, wenn
es aber aufhört, eins zu sein, zugrunde geht.

Je mehr ich erwäge, sagte ich, scheint es mir keineswegs anders zu sein.

Gibt es nun, sagte sie, irgend etwas, was, soweit es nach seiner Natur handelt, das Streben nach Bestehen aufgibt und
zu Untergang und Verderb zu gelangen wünscht?

Wenn ich die Lebewesen, sagte ich, ansehe, die irgendeine

Anlage, zu wollen und nicht zu wollen haben, so finde ich
keinen Grund, weswegen sie ohne äußeren Zwang den
Drang zu bleiben abtun und freiwillig zum Untergang eilen
sollten. Denn jedes Lebewesen müht sich, seine Unversehrtheit zu schützen, Tod aber und Verderben vermeidet es.
Aber ob ich für die Gräser und Bäume, überhaupt das Un-
belebte zustimmen soll, bin ich völlig ratlos.
Und doch hast du auch hier keinen Grund, im Zweifel zu
sein, da du siehst, wie Gräser und Bäume an ihnen behagen-
den Stellen wachsen, wo sie, soweit es ihre Natur zuläßt,
nicht rasch vertrocknen und eingehen können. Denn die
einen entstehen auf Feldern, andere in den Bergen, Sümpfe
tragen diese, jene hängen am Felsen, an anderen ist der tote
Sand fruchtbar, und wenn sie jemand umzupflanzen versucht, werden sie dürr. Aber die Natur gibt einem jeden, was
für ihn paßt, und sorgt, daß es nicht zugrunde geht, solange
es dauern kann. Was sagst du dazu, daß alle, gleich als ob
ihr Mund in die Erde gesenkt sei, Nahrung mit ihren Wurzeln saugen und durch Mark, Kern und Rinde überallhin
verteilen? Was dazu, daß das Weichste, wie z. B. das Mark,
immer durch Sitz im Innersten verborgen wird, außen aber
durch Festigkeit des Holzes, daß aber die Außenrinde gegen
die Unbill des Wetters wie ein Verteidiger gestellt wird, der
dem Unheil standhält? Wie groß ist gar die Sorgfalt der
Natur, daß sich alles mit vielfachem Samen fortpflanze. Dies
alles sind Einrichtungen nicht nur für die Zeit des Bestehens,
sondern auch, daß sie nach Arten sozusagen für ewig dauern.
Wer weiß das nicht? Wünscht aber nicht auch das, was man
unbelebt glaubt, ein jedes auf ähnliche Weise, was sein ist?
Warum führt denn ihre Leichtigkeit die Flamme nach oben?
Warum drückt das Gewicht die Erde nach unten? Doch, weil
diese Bewegungen für jedes einzelne passen. Weiter aber:
was einem jeden zusagt, das erhält es auch; so wie das, was
feindlich ist, es verdirbt. Was hart ist, wie die Steine, hängt
aufs haltbarste in seinen Teilen und leistet Widerstand, daß
es nicht leicht aufgelöst werden kann. Was aber flüssig, wie

Luft und Wasser, weicht zwar leicht vor dem Zerteilenden,
aber schnell gleitet es zu dem zurück, von dem es abge-
schnitten wurde; Feuer aber entweicht vor jedem Schnitt.
Und wir handeln jetzt nicht von den freiwilligen Bewegungen der erkennenden Seele, sondern von dem natürlichen
Trieb. So, wie wir die empfangenen Speisen ohne Denken
verarbeiten, im Schlafe atmen, ohne es zu wissen. Denn auch
bei den Lebewesen kommt der Trieb zu bestehen nicht aus
dem Willen der Seele, sondern aus dem Grunde der Natur.
Häufig nämlich heißt der Wille, wenn Gründe dazu zwingen, den Tod willkommen, vor dem die Natur schaudert,
und jenes, wodurch allein die Dauer irdischer Dinge beharrt,
das Werk der Zeugung, das die Natur immer erstrebt, hindert der Wille bisweilen. So sehr kommt diese Selbstliebe
nicht aus geistigem Entschluß, sondern aus natürlichem
Trieb; die Vorsehung nämlich gab den von ihr geschaffenen
Dingen dies als den größten Antrieb zum Bleiben, daß sie
von Natur die Sehnsucht in sich tragen, zu bestehen, solange
sie können. Deshalb kannst du gar nicht zweifeln, daß alles
was ist von Natur Beständigkeit im Dauern erstrebt, das
Verderben meidet.
Ich bekenne, sagte ich, daß ich jetzt unbezweifelt sehe, was
eben noch ungewiß schien.
Was aber, sagte sie, zu bestehen und zu bleiben strebt, das
wünscht eins zu sein; denn hebt man das auf, wird auch
keinem das Sein bleiben.
Das ist wahr, sagte ich.
Alle ersehnen also, sagte sie, das Eine.
Ich stimme bei.
Aber wir haben gezeigt, daß das Eine dasselbe wie das
Gute ist.
Jawohl.
Alles erstrebt also das Gute, was du auch so definieren
kannst, daß eben das Gute das ist, was von allen ersehnt
wird.
Nichts Wahreres, sagte ich, kann erdacht werden; denn ent-

weder bezieht sich alles auf ein Nichts und schwimmt,
gleichsam des einen Richtpunktes beraubt, ohne Lenker
planlos hin und her, oder, wenn etwas ist, zu dem alles eilt,
wird dieses das höchste aller Güter sein.

Und jene sagte: Ich freue mich überaus, mein Sohn: das
Kennzeichen des Kernes der Wahrheit hast du deinem Geiste
eingeprägt. In dem wurde es dir aber offenbar, was du nach
eigener Aussage vor kurzem noch nicht wußtest.

Was? fragte ich.

Welches das Ziel aller Dinge sei; das ist es nämlich in der
Tat, was von allen ersehnt wird. Und weil wir geschlossen
haben, daß es das Gute ist, müssen wir gestehen, daß das
Ziel aller Dinge das Gute ist.

Wer tiefen Sinnes Wahrheit aufzuspürn suchet[22]
und will dabei durch keinen Abweg getäuscht werden,
der gebe frei das Licht des innern Gesichts einwärts,
die lange Schwingung[23] beugend zwing er zum Kreise
und lehre seinen Geist, was draußen er hart mühet,
daß er's besitze in den eignen Schatzkammern:
Was eben noch die schwarze Wolke des Wahns deckte,
wird klarer leuchten als selbst Phöbus' Lichtstrahlen.
Nicht alle Helligkeit vertrieb dem Geist nämlich
der Leib, mit sich Vergessen bringende Last schleppend.
Es hängt gewiß der Wahrheit Funke tief drinnen,
der aufgeregt wird, wenn Lehre ihn anfacht.
Warum, gefragt, sonst meint ihr aus euch selbst Wahres,
wenn nicht die Glut noch drin ins Herz gesenkt lebte?
Wenn aber Platos Muse[24] keinen Trug kündet:
was jeder lernt, Vergeßnes ruft er dann vor sich.

Da sagte ich: Ich stimme Plato lebhaft bei: denn du erinnerst
mich schon zum zweiten Male daran, zuerst, weil ich das
Gedächtnis durch die Berührung des Körpers, dann, als ich's
durch die Last der Trauer bedrückt verloren hatte.

Da sagte jene: wenn du auf die früheren Zugeständnisse

blickst, wird auch jenes nicht weit ab sein, daß du dich an
das erinnerst, was du vorhin nicht zu wissen bekanntest.
Woran? fragte ich.
Durch welches Ruder die Welt gesteuert wird, sagte jene.
Ich erinnere mich, sagte ich, daß ich meine Unwissenheit
bekannt habe; aber wenn ich auch voraussehe, was du vor-
bringen wirst, wünsche ich es doch ausführlicher von dir zu
hören.
Daß die Welt hier, sagte sie, durch Gott gelenkt wird,
glaubtest du vor kurzem, sei nicht zu bezweifeln.
Auch jetzt glaube ich es, sagte ich, und werde es niemals
für zweifelhaft halten. Ich will kurz darlegen, aus welchen
Gründen ich dazu komme. Diese Welt wäre nicht aus so
verschiedenen und gegensätzlichen Teilen in eine einzige
Form zusammengekommen, wenn nicht einer wäre, der so
Entgegengesetztes verbände. Diese verbundene Mannigfaltigkeit aber der Naturen würde sich uneins entzweien und
zerreißen, wenn nicht einer wäre, der zusammenhielte, was
er verband. Nicht so klar bestimmt vollends würde die
Ordnung der Natur vorwärtsschreiten und das einzelne nicht
so geordnete Bewegungen nach Platz, Zeit, Wirkung, Dauer,
Eigenschaften entwickeln, wenn nicht einer wäre, der, selbst
in Ruhe verharrend, diese Vielfalt der Bewegungen ordnete.
Dieses, was es auch sei, wodurch das Geschaffene bleibt und
bewegt wird, nenne ich mit dem allen gebräuchlichen Namen
Gott.
Da sagte jene: Da du dieser Meinung bist, bleibt mir, glaube
ich, nur wenig Arbeit übrig, daß du des Glückes mächtig
deine Heimat heil wiedersiehst. Aber betrachten wir, was
wir uns vorgesetzt! Zählten wir nicht zum Glück das Genügen, und stimmten wir nicht darin überein, daß Gott eben
das Glück sei?
So war es.
Auch zur Lenkung der Welt also, sagte sie, wird er keiner
Unterstützung von außen bedürfen; sonst – wenn er etwas
braucht – wird er nicht das volle Genügen haben.

Das ist so, sagte ich, ein notwendiger Schluß.

Durch sich selbst also ordnet er alles?

Das läßt sich nicht leugnen, sagte ich.

Aber Gott ist, wie gezeigt, das Gute selbst.

Ich erinnere mich, sagte ich.

Durch das Gute also ordnet er alles, wenn er alles durch sich lenkt, er, der, wie wir uns einigten, das Gute ist. Und er ist gleichsam der Steuergriff und das Ruder, mit dem die Weltmaschine fest und unzerstörbar erhalten wird.

Ich stimme lebhaft bei, sagte ich, und habe kurz vorher, wenn auch nur in schwacher Vermutung, vorausgesehen, daß du es sagen würdest.

Ich glaube es, sagte sie; denn schon wachsamer, meine ich, lenkst du dein Auge auf das Erkennen der Wahrheit; aber was ich jetzt sagen werde, liegt nicht weniger offen zu schauen.

Was? fragte ich.

Da man mit Recht glaubt, sagte sie, daß Gott alles mit dem Steuer der Güte lenkt, und da ebenso alles, wie ich lehrte, aus natürlichem Triebe zum Guten eilt, kann man dann etwa bezweifeln, daß es mit eignem Willen regiert wird und sich von selbst zum Winke des Ordners wendet, gleichsam auf den Lenker abgestimmt und für ihn passend?

Nein, so ist es nötig, sagte ich; es schiene auch kein glückliches Regiment, wenn es ein Joch für Widerstrebende, nicht Heil für Gehorchende wäre.

Es gibt also nichts, weswegen etwas, das seine Natur bewahrt, gegen Gott anzugehen versuchen sollte?

Nichts, sagte ich.

Wenn es aber den Versuch macht, sprach sie, wird es dann irgend etwas gegen den erreichen, der die größte Gewalt über das Glück hat, wie wir mit Recht zugestanden?

Es würde gar nichts vermögen, sagte ich.

Es gibt also gar nichts, was diesem höchstem Guten widerstehen kann oder will?

Ich glaube nicht, sagte ich.

Das höchste Gute ist es also, sagte sie, was alles stark lenkt und sanft ordnet.

Da sagte ich: Wie sehr entzückt mich nicht nur das Resultat der Überlegungen, das geschlossen wurde, sondern noch viel mehr diese Worte selbst, die du gebrauchst, so daß sich endlich einmal die Torheit, die Großes zerreißt, ihrer selbst schämen möge!

Du hast, sagte sie, in Sagen von den Giganten vernommen, die den Himmel nicht in Ruh ließen. Aber auch jene hat dann wie billig die gütige Kraft dabei gelenkt? ... Aber willst du, daß wir die Beweise selbst aufeinanderprallen lassen? Vielleicht springt aus solchem Streit ein schöner Funke der Wahrheit hervor.

Wie du denkst, sagte ich.

Niemand, sagte sie, dürfte zweifeln, daß Gott allmächtig ist.

Wenigstens, sagte ich, wer fest ist im Geiste, dürfte daran überhaupt nicht zweifeln.

Wer aber allmächtig ist, für den gibt es nichts, was er nicht vermöchte.

Nichts, sagte ich.

Kann nun Gott Böses tun?

Keineswegs, sagte ich.

Das Böse ist also, sagte sie, nichts, da jener es nicht tun kann, der nichts nicht vermag.

Verspottest du mich, sagte ich, indem du mit deinen Gründen ein unentwirrbares Labyrinth flichtst, da du bald hineingehst, wo du herauskommen solltest, und es bald verläßt, wo du hineingegangen bist? Oder biegst du einen wunderbaren Kreis von göttlicher Einfalt zusammen? Denn kurz vorher, mit dem Glück beginnend, sagtest du, es sei das höchste Gut. Das wohne in Gott, dem Höchsten, wie du ausführtest. Gott selbst, so lief deine Erörterung, sei das höchste Gut und das volle Glück. Daraus gabst du mir gleichsam als Geschenk den Satz, daß niemand glücklich sein werde, außer der ebenfalls Gott sei. Wiederum sagtest du, daß

die Gestalt des Guten selbst das Wesen Gottes und des
Glückes sei, und lehrtest, daß gerade das Eine eben das Gute
wäre, was von der ganzen Natur erstrebt werde. Du führ-
test auch aus, daß Gott das All mit dem Steuer der Güte
lenke, daß freiwillig alles gehorche und daß es kein Wesen
des Bösen gäbe. Und dies entwickeltest du, ohne etwas von
außen zu nehmen, sondern indem das eine aus dem anderen
seine Glaubwürdigkeit zog, durch eingeborene und innere
Beweise.

Da sagte jene: Ich spotte keineswegs, und die allergrößte
Sache haben wir durch Gottes Geschenk, um dessen Gnade
wir eben flehten, vollbracht. Derart ist nämlich die Gestalt
des göttlichen Wesens, daß sie weder ins Äußere zerfließt
noch etwas Äußeres in sich aufnimmt, sondern, wie Parmenides[25] über sie sagt:

> Überall gleich der Masse der wohlgerundeten Kugel,

rollt sie den beweglichen Kreis der Dinge, während sie sich
selbst unbeweglich hält. Wenn wir aber nun Überlegungen
anstellten, die gleichfalls nicht von außen geholt waren, sondern innerhalb des Umkreises der Sache lagen, die wir behandelten, so brauchst du dich nicht zu wundern, da du nach
Platos heiliger Feststellung gelernt hast, daß die Worte den
Sachen, über die sie aussagen, verwandt sein müssen.[26]

> Glücklich, dem es zu schaun gelang[27]
> hellerstrahlend des Guten Quell!
> Glücklich der, dem zu lösen Kraft
> schwerbedrückender Erde Band!
> Einst beweinte der Gattin Tod
> traurig Thrakiens Sänger[28] laut.
> Als durch klagender Weisen Macht
> Wälder er zu bewegen rasch,
> Ströme sich zu verweilen zwang,
> und der Hirsch ohne Furcht verband
> seine Flanke dem wilden Leu,

Hasen nicht den erspähten Hund
mieden, der vom Gesange sanft:
da nur brennender Schmerzes Glut
ihm das innerste Herz verbrennt
und, die alles bezwungen doch,
seine Weise nicht heilt den Herrn:
klagend über der Götter Grimm
stieg er nieder zur untern Welt.
Dorten stimmt er ein schmeichelnd Lied
auf den tönenden Saiten an,
was je schöpft' er aus jedem Quell,
der die Mutter vor allem lieb.[29]
Trauer gab es ihm unbeherrscht
und die Trauer erhöhnde Lieb'.
Weinend rührt er den Tänarus[30]
und mit süßem Gebet erfleht
Gnade er von der Schatten Herrn.
Selbst der dreifache Pförtner[31] staunt,
verzaubert von dem neuen Lied;
die den Schuldigen schrecken wild,
Rächerinnen der Freveltat,
fließen traurig vor Tränen schon;
nicht stürzt schmetternd Ixions[32] Haupt
das rasch rollende Rad herab;
ob ihn langes Verdursten quält,
reizt der Fluß doch nicht Tantalus;
und der Geier, von Tönen satt,
riß nicht Tityos' Leber los.
Endlich spricht voll Erbarmen dann
sein »Besiegt« aller Schatten Herr.
»Als Begleiterin schenken wir
liederkauft sein Gemahl dem Mann.
Ein Gesetz doch die Gabe schränkt!
Eh sie nicht aus dem Tartarus,
wende nicht deinen Blick zurück!«
Wer gab Liebenden ein Gesetz?

Höhres Recht ist sich Liebe selbst.
Ach! Schon nahe dem Rand der Nacht
sah, verlor und verging dabei
Orpheus seine Eurydike.
Euch geht diese Geschichte an,
die ihr aufwärts zum obren Tag
euren Geist zu erheben strebt:
wer zur Höhle des Tartarus
unterliegend das Auge senkt,
der verliert, was er Köstliches
mit sich führt, wenn er Schatten schaut.

VIERTES BUCH

Als die Philosophie, wobei sie die Würde des Ausdruckes und den Ernst ihres Antlitzes wahrte, sanft und süß gesungen hatte, unterbrach ich, noch nicht der tief eingewurzelten Trauer vergessend, ihre Absicht, als sie sich anschickte, noch etwas zu sagen, und sprach: O Führerin zum wahren Licht, was deine Rede bis jetzt ausbreitete, liegt alles offen vor Augen, göttlich in seiner Erkenntnis und vor allem unwiderleglich durch deine Gründe. Und du hast mir, wenn ich es auch aus Schmerz über das erlittene Unrecht eben vergessen hatte, doch nicht vorher gänzlich Unbekanntes gesagt. Aber das ist ja gerade der tiefste Grund meiner Trauer, daß Schlechtes, obwohl es einen guten Lenker der Welt gibt, erstens überhaupt existieren kann und zweitens ungestraft ausgeht. Wie sehr dies allein schon der Verwunderung wert ist, bedenkst du gewißlich. Dazu kommt aber noch etwas anderes, Schwereres: während nämlich die Schlechtigkeit herrscht und in Ansehen steht, entbehrt die Tugend nicht nur ihres Lohnes, sondern unter den Füßen der Schurken wird sie sogar zertreten und büßt an Stelle der Verbrechen Strafe. Daß dies geschehen kann im Reich eines allwissenden, alles vermögenden, aber nur Gutes wollenden Gottes, darüber kann sich niemand genug wundern, niemand genug klagen.
Da sagte jene: Es wäre in der Tat ein Grund zu unermeßlichem Staunen und schauderhafter als alle Ungeheuerlichkeiten, wenn, wie du glaubst, in dem bis ins kleinste geordneten Hause eines so gewaltigen Familienvaters die wertlosen Gefäße gepflegt würden, die kostbaren verschmutzten. Aber es ist nicht so; denn wenn das, was soeben erschlossen wurde, unerschüttert bleibt, wirst du erkennen, daß nach dem Willen eben desjenigen, über dessen Reich wir jetzt reden, die Guten immer mächtig sind, die Schlechten aber immer verworfen und schwach; daß die Laster nie ohne Strafe sind, und die Tugenden nie ohne Belohnungen; daß den Guten immer Glückerfülltes, den Schlechten immer Unglück zuteil

wird und vieles derart, was deine Klagen zu beschwichtigen und dich in sicherer Festigkeit zu stärken vermag. Und da du ja die Gestalt des wahren Glückes, da ich sie dir eben zeigte, sahest, auch erkanntest, wo es wohnt, ist nun alles erledigt, was ich vorauszuschicken für nötig halte, und ich werde dir den Weg zeigen, der dich in die Heimat zurückführen soll. Flügel gar werde ich deinem Geiste verleihen, auf denen er sich zur Höhe zu heben vermag; auf daß du deine Verwirrung von dir treibst und gerettet ins Vaterland zurückkehrst unter meiner Führung, auf meinem Pfad, auf meinem Gefährt sogar.

> Flüchtige Schwinge nämlich gehöret mir,
> die hohen Pol erklimmen mag.[1]
> Wenn sich der schnelle Geist sie gegürtet hat,
> die Erd verachtet er voll Haß;
> endlosen Lüfteball überwindet er
> und sieht die Wolken hinter sich;
> und der erglüht von des Äthers Bewegungen,
> des Feuers Wirbel läßt er tief,
> bis er sich hebt zu den Häusern der Sterne hin,
> mit Phöbus seine Bahn verknüpft,
> oder des Greises Pfad[2], des erkalteten,
> verfolgt, des roten Mars' Soldat[3],
> oder wo schimmernde Nacht überstirnet ist,
> des Sternes Umkreis rückwärts läuft,
> und wenn's genug der geschlürften Erkenntnisse,
> des Polgewölbes Rand verläßt
> und auf dem Rücken des eilenden Äthers ruht
> im Vollgenuß des hehren Lichts.
> Hier hält sein Szepter der Herr der Könige
> und führt die Zügel dieser Welt,
> lenkt den flüchtigen Wagen im Stande fest,
> der Dinge heller Oberherr.
> Wenn dich hierher die Straße geleitete:
> die jetzt du suchest ungedenk,

»Dies ist die Heimat mir« wirst sprechen du,
»hier stamm ich her, hier ruh der Schritt!«
Wandelt dich aber dann das Gelüsten an,
verlaßner Erde Nacht zu schaun:
fürchten ihr Drohen bejammerte Völker auch,
Tyrannen siehst du heimatlos.

Da sagte ich: Oh, wie große Dinge versprichst du! und ich
zweifle nicht, daß du sie wirken kannst! Halte du nur nicht
hin, den du begierig gemacht.
Zuerst also, sagte sie, wirst du erkennen dürfen, daß die
Guten immer Macht besitzen, die Schlimmen von allen Kräften verlassen sind. Von diesen beiden zeigt sich das eine aus
dem anderen. Denn wenn Gut und Böse Gegensätze sind,
liegt, wenn sich das Gute als mächtig herausgestellt hat, die
Schwäche des Bösen klar, wenn jedoch die Gebrechlichkeit
des Bösen erwiesen ist, dann ist auch die Festigkeit des Guten
damit bekannt. Daß aber die Glaubwürdigkeit größer sei,
werde ich auf beiden Wegen vorgehen, indem ich jetzt auf dem
einen, dann auf dem anderen die Behauptung beweise.
Zwei Dinge sind es, auf denen das Bewirken menschlicher
Handlungen beruht, Wille nämlich und Macht. Wenn eins
von diesen fehlt, kann sich nichts entwickeln. Mangelt nämlich der Wille, so nimmt man nicht einmal in Angriff, was
man nicht will. Ist jedoch die Macht nicht da, so dürfte der
Wille vergebens sein. Woraus folgt, daß du nicht zweifeln
kannst, siehst du jemand den Wunsch haben, zu erreichen,
was er auf keinen Fall erreicht: ihm fehlte das Vermögen,
das, was er wollte, zu erlangen.
Das ist durchsichtig, sagte ich, und läßt sich auf keine Weise
leugnen.
Siehst du aber, wie jemand erwirkt hat, was er wollte, wirst
du etwa zweifeln dürfen, daß er es auch gekonnt hat?
Keineswegs.
Was ein jeder kann, in dem ist er für mächtig, was er aber
nicht kann, in dem ist er für schwach zu halten.

Ich gestehe es, sagte ich.

Besinnst du dich nun, sagte sie, daß durch die Überlegungen oben geschlossen war, aller Drang des menschlichen Willens, der sich in den verschiedenen Bestrebungen betätigt, eilt nach dem Glücke?

Ich erinnere mich, sagte ich, daß auch dies gezeigt worden ist.

Erinnerst du dich vielleicht auch, daß das Glück das Gute selbst ist, und daß so, wenn man nach Glück strebt, von allen das Gute ersehnt wird?

Da *erinnere* ich mich keineswegs daran, sagte ich: denn das halte ich fest in meinem Gedächtnis eingeprägt.

Alle Menschen also, gute gleicherweise wie schlechte, streben in unterschiedslosem Drange zum Guten zu gelangen?

So, sagte ich, ist es folgerichtig.

Aber es ist gewiß, daß man gut wird durch Erlangung des Guten.

Das ist gewiß.

Die Guten erlangen also, was sie erstreben?

So scheint es.

Die Bösen aber würden, wenn sie erreichten, was sie erstrebten – das Gute nämlich –, nicht böse sein können.

So ist es.

Da also beide das Gute erstreben, aber diese es erreichen, jene hingegen nicht, ist es dann etwa zweifelhaft, daß die Guten mächtig sind, die aber böse sind, schwach?

Wer es bezweifelte, sagte ich, vermag nicht die Natur der Dinge noch die Folgerichtigkeit vernünftiger Überlegungen zu erwägen.

Wiederum, sagte sie, wenn zwei sind, denen dasselbe gemäß ihrer Natur zur Aufgabe gestellt ist, und der eine von ihnen in natürlicher Wesenserfüllung gerade dies betreibt und durchsetzt, der andere aber jene natürliche Aufgabe keineswegs erfüllen kann, vielmehr auf andere Art, als es der Natur zukommt, das Aufgegebene nicht ausfüllt, son-

dern einen Ausfüllenden nur nachahmt ... wer von diesen
ist dann nach deiner Entscheidung mächtiger?

Wenn ich auch vermute, sagte ich, was du willst, wünsche ich
es doch ausführlicher zu hören.

Du wirst nicht abstreiten, daß die Gehbewegung den Menschen naturgemäß ist?

Keineswegs, sagte ich.

Zweifelst du etwa daran, daß dabei die Füße eine natürliche
Aufgabe haben?

Auch daran nicht, sagte ich.

Wenn also einer, der auf Füßen zu gehen vermag, umher-
geht, ein anderer, dem die Füße diese natürliche Aufgabe
nicht leisten, auf den Händen stehend umherzugehen versucht, wer von diesen darf dann mit Recht für mächtiger gehalten werden?

Vollende, sagte ich, das übrige; denn daß der, der dieser
natürlichen Aufgabe mächtig ist, stärker ist als der, der dasselbe nicht vermag, dürfte niemand bezweifeln. Das höchste
Gut aber, das in gleicher Weise Bösen und Guten zum Ziel
gesetzt ist, erstreben die Guten durch die natürliche Leistung
der Tugenden, die Schlechten aber versuchen eben dasselbe
durch mannigfache Begierden zu erlangen. Das ist nicht die
naturgemäße Art, das Gute zu erlangen. Oder bist du anderer Meinung?

Keineswegs, sagte ich; denn auch, was daraus folgt, liegt
offen zutage. Aus dem, was ich zugestanden habe, ist nämlich der notwendige Schluß der, daß die Guten mächtig, die
Schlechten aber schwach sind.

Du kommst mir, sagte sie, richtig zuvor, und dies ist – so
pflegen auch die Ärzte zu hoffen –, das Anzeichen einer
emporgerichteten und schon widerstandskräftigen Natur.

Da ich dich aber so verständnisbereit sehe, werde ich rasch
die Gründe häufen. Sieh, als wie groß sich die Schwäche
lasterhafter Menschen herausstellt, die nicht einmal zu dem
gelangen können, zu dem sie der natürliche Trieb führt, ja
beinahe stößt. Und wie erst, wenn sie der so gewaltigen, fast

unbesieglichen Hilfe der als Führerin vorausgehenden Natur
beraubt würden? Überlege weiter, welche Ohnmacht verbre-
cherische Menschen gefangen hält. Denn sie erstreben nicht
geringe und spielerische Preise und können sie nicht erlangen
und erreichen, sondern sie versagen im Ganzen und im
Kernpunkt der Dinge, und darin wird den Unglücklichen
kein Erfolg zuteil, worum sie sich Tag und Nacht als einziges mühen. Darin ragen die Kräfte der Guten hervor. Wie
du nämlich den, der zu Fuß bis zu dem Orte hätte gelangen
können, über den hinaus kein gangbares Gelände mehr läge,
für den des Gehens Mächtigsten hieltest, so mußt du auch
den, der das Ende der Erstrebenswerten, über das hinaus
nichts ist, ergreift, für den Mächtigsten erachten. Daraus
folgt – dies ist die Gegenseite –, daß die Verbrecherischen
zugleich von allen Kräften verlassen scheinen. Warum lassen
sie denn die Tugend im Stich und folgen den Lastern? Aus
Unkenntnis der Güter? Aber was gibt es Kraftloseres als
die Blindheit der Unkenntnis? Oder kennen sie das, dem
man folgen muß, die Begierde aber wirft sie aus der Bahn?
Auch dann sind sie wegen ihrer Unbeherrschtheit schwach,
weil sie gegen das Laster nicht ankämpfen können. Oder
verlassen sie mit Wissen und Willen das Gute und biegen zu
den Lastern ab? Aber auf diese Weise hören sie nicht nur
auf, mächtig zu sein, sondern überhaupt zu sein; denn die,
welche das Ziel alles dessen, was ist, verlassen, hören damit
zugleich auch auf zu sein. Es erscheint vielleicht manchem
sonderbar, wenn ich sage, die Schlechten, die doch die Mehrzahl der Menschen ausmachen, existieren gleichwohl nicht.
Aber so verhält sich die Sache. Denn daß die, welche schlecht
sind, schlecht sind, das bestreite ich nicht; daß sie aber *sind*,
das leugne ich schlankweg. Denn wie du einen Leichnam
einen toten Menschen nennen würdest, ihn aber nicht einfach
einen Menschen heißen könntest, so würde ich zugestehen,
daß die Lasterhaften zwar schlecht sind, daß sie aber ohne
Einschränkung *sind*, das könnte ich nicht bekennen. Es *ist*
nämlich, was die Ordnung festhält und die Natur bewahrt.

Was aber von ihr abfällt, das läßt auch das Sein im Stich,
das in seiner Natur beschlossen liegt. Aber, wirst du sagen,
die Schlechten vermögen; auch ich würde das nicht leugnen,
aber dieses ihr Vermögen leitet sich nicht von ihren Kräften,
sondern von ihrer Schwäche ab. Sie vermögen nämlich nur
Schlimmes, wozu sie gar nicht fähig wären, wenn sie im
Wirken des Guten hätten verharren können. Die Eigenschaft,
daß sie dies vermögen, zeigt noch klarer, daß sie nichts ver-
mögen; denn wenn, wie wir vor kurzem geschlossen, das
Böse nichts ist, ist es klar, daß die Bösen, da sie nur Schlech-
tes vermögen, nichts vermögen.
Das ist durchsichtig.
Und damit du einsähest, welches denn die Kraft dieser
Macht wäre, haben wir vor kurzem die Definition gegeben,
daß nichts mächtiger ist als das höchste Gute.
So ist es, sagte ich.
Dieses aber, sagte sie, kann gleichwohl nichts Böses tun.
Keineswegs.
Gibt es nun jemand, der glaubte, die Menschen vermöchten
alles?
Niemand, er müßte denn wahnsinnig sein.
Und doch vermögen sie das Schlechte.
O wenn sie es doch, sagte ich, nicht vermöchten!
Da also nur der, welcher des Guten mächtig ist, alles vermag,
nicht aber alles vermögen die, die auch des Bösen mächtig
sind, liegt es auf der Hand, daß die, welche Schlechtes ver-
mögen, weniger vermögen. Hierzu kommt, daß alle Macht
zu dem Erstrebenswerten zu rechnen ist und alles Erstrebenswerte auf das Gute gleichsam wie auf den Gipfel seiner
Natur bezogen ist, wie wir gezeigt. Die Fähigkeit aber, ein
Verbrechen auszuführen, läßt sich nicht aufs Gute beziehen;
es ist also klar, daß die Fähigkeit der Bösen keine Macht
ist.
Aus alledem erhellt die Macht der Guten, der Bösen aber
unbezweifelbare Schwachheit, und wahr ist klärlich die Meinung Platos, daß allein die Weisen ausführen können, was

ihr Begehr ist, die Ruchlosen aber zwar ausüben, wozu sie
Lust haben, was sie jedoch ersehnen, nicht erfüllen können.
Sie tun nämlich alles Mögliche im Glauben, sie würden durch
das, woran sie sich ergötzen, das Gut, das sie ersehnen, erreichen; aber sie erlangen es nicht, da ja das Schimpfliche
nicht zum Glück kommt.

Die du siehst erhaben sitzen auf des Throns Gipfel, die
                                  Herrscher,[4]
stolz im Purpurschimmer prangend in dem Zaun grausamer
                                  Waffen,
und mit finstrem Blicke drohend, von der Wut keuchend des
                                  Herzens:
zöge einer ab den Stolzen eitlen Aufputzes Umhüllung,
schon wird drin er tragen sehen enge Zwangsketten die
                                  Herren;
hier läßt die Begierde quälen das Herz fressende Gifte,
dorten geißelt Zorn den Geist, im Sturm Fluten erhebend,
Trauer müdet sie gefangen und es quält schlüpfrige
                                  Hoffnung.
Da du bergen siehst so zahlreich also *ein* Haupt die
                                  Tyrannen:
was er wünscht, erwirket nicht, wer von Gewaltherren
                                  bedrückt wird.

Siehst du also, in welchem Kot sich die Frevel wälzen, in
welchem Lichte Rechtlichkeit erstrahlt? Dabei ist klar, daß
dem Guten niemals sein Lohn, niemals ihre eigenen Strafen
den Verbrechen fehlen. Denn von den Dingen, die man tut,
scheint jenes, weswegen man eine jede einzelne Sache tut,
nicht mit Unrecht der Lohn eben dieser Sache zu sein, wie
für das Laufen in der Kampfbahn der Kranz, um den man
läuft, als Preis bereitliegt. Daß aber das Glück eben gerade
das Gute ist, dessentwegen alles getan wird, haben wir gezeigt. Menschlichen Taten ist also das Gute selbst gleichsam
als allgemeiner Lohn ausgesetzt. Das jedoch kann von den

Guten nicht geschieden werden. Denn nicht wird weiter gut genannt werden, wer des Guten ermangelt. Daher läßt eigener Lohn rechtschaffene Sitten nicht im Stich. Mögen also die Bösen noch so sehr wüten, dem Weisen wird sein Kranz nicht herabfallen, nicht trocken werden. Denn rechtschaffenem Sinn reißt fremde Unredlichkeit nicht seine eigene Zier herab. Wenn er sich aber über ein von außen Empfangenes freuen würde, könnte es ein anderer oder auch er selbst, der es verliehen hätte, wieder entführen; da dies jedem aber seine eigene Rechtlichkeit verleiht, wird er nur dann seinen Lohn entbehren, wenn er aufhört, rechtschaffen zu sein. Schließlich: da ja jeder Lohn deshalb erstrebt wird, weil man ihn für gut hält: wer wird dann urteilen, der des Guten Mächtige habe keinen Teil an der Belohnung?

Aber welcher Belohnung? Der allerschönsten und allergrößesten! Gedenke nämlich jener Zugabe, die ich dir eben vor anderem gab, und schließe so: Da eben das Gute das Glück ist, so ist klar, daß alle Guten gerade dadurch, daß sie gut sind, glücklich werden. Wir sind aber übereingekommen, daß die, welche glücklich sind, Götter seien. Es ist also der Preis der Guten, den keine Zeit abnutzt, keines Macht mindert, niemandes Unredlichkeit dunkelt, daß sie Götter werden.

Da dies so ist, wird der Weise auch nicht an der Strafe der Bösen zweifeln, die davon nicht zu trennen ist; wenn nämlich Gut und Böse, ebenso Strafen und Lohn, Stirn gegen Stirn entgegenstehen, muß das, was wir im Lohn des Guten hinzukommen sehen, in der Strafe des Bösen auf der Gegenseite seine Entsprechung haben. Wie demnach den Rechtschaffenen gerade ihre Rechtschaffenheit zum Lohn wird, so ist den Ruchlosen ihre Frevelhaftigkeit selbst höchste Strafe. Wer vollends Strafe erfährt, bezweifelt nicht, daß er von einem Übel geplagt ist. Wenn sie sich also selbst einschätzen wollten, könnten sie sich frei von Strafe scheinen, sie, die Frevelhaftigkeit mit dem äußersten aller Übel nicht nur geplagt, sondern sogar mächtig vergiftet hat?

Siehe aber, welche Strafe auf der Gegenseite der Guten die

Ruchlosen begleitet. Alles nämlich, was ist, ist eins, und das Eine selbst ist gut, wie du vor kurzem gelernt hast. Daraus folgt, daß alles, was ist, offenbar auch gut ist. Auf diese Weise hört also alles, was vom Guten abfällt, auf, zu sein. Daher kommt es, daß die Bösen aufhören zu sein, was sie gewesen. Daß sie aber bis jetzt Menschen gewesen sind, zeigt der noch übrige Anblick des menschlichen Körpers. Daher haben die, welche sich zur Bosheit gewendet haben, auch ihre menschliche Natur verloren. Da aber allein die Rechtschaffenheit jemand über den Menschen hinausheben kann, muß notwendig die Verworfenheit diejenigen, die sie aus dem Menschsein geschleudert hat, unter des Menschen Verdienst werfen. Es hat sich also herausgestellt, daß du nicht für einen Menschen achten kannst, wen du entstellt von Lastern siehst. Vor Gier nach fremden Schätzen glüht er als ein gewalttätiger Räuber: Wölfen ähnlich wirst du ihn heißen. Wild und unruhig übt er seine Zunge in Zänkereien: du magst ihn mit einem Hunde vergleichen. Als heimlicher Fallensteller freut er sich, mit List geraubt zu haben: den Füchsen kann man ihn gleichstellen. Er knirscht ohne Herrschaft über seinen Zorn: man mag glauben, er trägt den Charakter eines Löwen in sich. Ängstlich und furchtsam schaudert er vor Dingen, die man nicht zu fürchten braucht: als den Hirschen ähnlich soll er gelten. Träge und dumm döst er dahin: er führt das Leben eines Esels. Leichtsinnig und unbeständig wechselt er und beständig seine Beschäftigungen: er unterscheidet sich nicht von den Vögeln. Er versinkt in scheußlichen und unsauberen Begierden: er läßt sich festhalten von der Lust eines schmutzigen Schweins. So geschieht es, daß wer die Rechtschaffenheit verläßt und damit aufhört, Mensch zu sein, sich in ein Tier verwandelt, da er in göttliche Stellung nicht übergehen kann.

> Einst trieb Segel des Ithakers[5]
> und die Schiffe, im Meer verirrt,
> Westwind hin zu der Insel, wo

herrschend sitzt eine Göttin schön,
Tochter stammend aus Sols Geschlecht.[6]
Neuen Gästen vermischet sie
Trunk, berührt von dem Zauberspruch.
Kaum daß sie in verschiedne Form
kräutermächtige Hand gewandt,
hüllt den einen des Ebers Bild,
jener dort, als ein Berberleu
wächst an Krallen und scharfem Zahn;
der, den Wölfen jüngst zugesellt,
heulet auf, wenn er weinen will;
der als indischer Tiger gar
wandelt sanft unterm Menschendach.
Aber macht den vom vielen Leid
überschütteten Führer auch
frei Arkadiens Flügelgott[7]
mitleidsvoll aus der Wirtin Netz:
seine Ruderer hatten schon
von dem schlimmen Getränk geschlürft.
Schon vertauschten sie Ceres' Brot
schweingeworden mit Eichelfraß,
und nichts bleibt ihnen unversehrt,
ganz verdorben an Stimm und Leib.
Unverändert beklagt allein,
den er duldet, den Greul, der Geist.
O der allzu geringen Hand,
des ohnmächtigen Zauberkrauts,
das der Glieder Gestalt vermag,
doch das Herz zu verwandeln nicht.
Drinnen lebet der Menschen Kraft
abgelegen in stiller Burg.
Stärker reißet ein solches Gift
aus dem Menschen das eigene Selbst
grausam, das in die Tiefe dringt,
und dem Körper zwar ohn Gefahr,
mit Verwundung des Geistes straft.

Da sagte ich: Ich gestehe und sehe, nicht mit Unrecht sagt man, daß die Lasterhaften, wenn sie auch den Schein eines menschlichen Körpers wahren, sich doch durch die Beschaffenheit ihres Geistes in Tiere verwandeln; aber daß ihnen, deren blutdürstiger und verbrecherischer Sinn im Verderben der Guten wütet, eben dieses erlaubt ist, hätte ich nicht gewünscht.

Es ist ihnen auch nicht erlaubt, sagte sie, wie an passendem Orte gezeigt werden wird; aber die Strafe böser Menschen würde zum großen Teil gemildert, wenn ihnen eben das, was ihnen, wie man glaubt, gestattet ist, genommen würde. Denn – das mag vielleicht manchem unglaubwürdig scheinen – notwendig sind die Schlechten unglücklicher, wenn sie das Gewünschte ausgerichtet haben, als wenn sie nicht erfüllen können, was sie begehren. Ist es nämlich jammervoll, das Verkehrte gewollt, so ist es noch jämmerlicher, es gekonnt zu haben. Ohne das Können würde ja die Ausführung des Willens kläglich darniederliegen. Daher müssen, weil jedes für sich genommen seine eigene Jämmerlichkeit hat, diejenigen von dreifachem Unglück bedrängt werden, die du ein Verbrechen wollen, können, ausführen siehst.

Ich trete auf deine Seite, sagte ich, aber ich wünsche gar sehr, daß sie von diesem Unglück rasch befreit sein und die Möglichkeit, ein Verbrechen auszuführen, verlieren möchten.

Sie werden schneller frei sein, sagte sie, als du vielleicht willst oder jene glauben, daß sie frei sein werden. Denn nichts gibt es in den so kurzen Schranken dieses Lebens so Spätes, was zumal der unsterbliche Geist für zu lang erachten könnte, es zu erwarten. Ihre große Hoffnung und ihr hoch erhabenes Gerüst von Verbrechen wird häufig in plötzlichem, unverhofftem Ende eingerissen. Was freilich ihrem Unglück noch Halt gebietet; denn wenn die Schlechtigkeit elend macht, muß der, welcher länger schlecht ist, elender sein. Für ganz unglücklich würde ich sie halten, wenn nicht der Tod wenigstens zum Schluß ihre Bosheit beendete; wenn wir nämlich über das Unglück der Verkehrtheit richtige

Schlüsse gezogen haben, ist natürlich das Elend unermeßlich,
von dem feststeht, daß es ewig ist.

Da sagte ich: ein merkwürdiger Schluß und schwer zuzugeben, aber ich erkenne, daß er zu dem, was vorher zugegeben
worden ist, überaus stimmt.

Du empfindest richtig, sagte sie. Aber wer es für hart hält,
sich zu einem Schluß zu bekennen, muß billig zeigen, daß
etwas Falsches vorausgegangen ist oder daß die Stellung
der Vordersätze nicht wirksam ist, einen notwendigen Schluß
zu ermöglichen. Sonst darf er sich, hat er das Vorausgehende
zugegeben, nicht über den Schluß beklagen. Auch das, was ich
sagen werde, mag wohl nicht weniger merkwürdig erscheinen, aber nach dem, was anerkannt wurde, ist es gleicherweise notwendig.

Was denn? sagte ich.

Daß die Ruchlosen glücklicher sind, sagte sie, wenn sie ihre
Strafen abbüßen, als wenn keine Strafe der Gerechtigkeit
sie bändigte. Und ich ziele dabei nicht darauf, was jedem
dabei in den Sinn kommt, daß verkehrte Sitten durch Buße
gebessert und durch Schrecken der Strafe zum Rechten gelenkt werden, daß sie ferner auch den übrigen ein warnendes
Beispiel ist, Schuldhaftes zu fliehen – nein! auf eine andere
Art, glaube ich, sind die Bösen unglücklicher, wenn sie ohne
Strafe bleiben, selbst wenn man die Besserung nicht berücksichtigt und nicht auf das Beispiel sieht.

Welche andere Art wird es außer dieser noch geben? fragte
ich.

Und jene sagte: Wir haben doch zugegeben, daß die Guten
glücklich, die Schlechten aber elend sind?

So ist es, sagte ich.

Wenn nun, sagte sie, zu irgendeines Unglück etwas Gutes
hinzugefügt würde, ist er dann nicht glücklicher als der,
dessen Elend rein und ungesellt ist ohne Beimischung von
etwas Gutem?

So scheint es, sagte ich.

Wenn aber auf denselben Unglücklichen, der alles Guten

ermangelt, außer den Übeln, durch die er elend ist, noch ein andres gehäuft wird, ist er dann nicht für viel unglücklicher zu halten als der, dessen Unglück durch Teilnahme an Gutem erleichtert wird?

Auf jeden Fall! sagte ich.

Daß aber die Ruchlosen bestraft werden, ist gerecht, daß sie aber ungestraft entwischen, ist ungerecht, das liegt auf der Hand.

Wer könnte das abstreiten?

Auch das wird keiner bestreiten, sagte sie, daß alles, was gerecht, auch gut ist, und auf der Gegenseite, was ungerecht, schlecht.

Ich antwortete, daß es klar wäre.

Es haben also die Bösen, wenigstens wenn sie bestraft werden, etwas Gutes an sich geknüpft, eben die Strafe selbst, die mit Rücksicht auf die Gerechtigkeit gut ist. Und wenn sie der Sühne entgehen, dann wohnt ihnen noch ein weiteres Übel inne, eben die Straflosigkeit des Bösen, von der du bekannt hast, daß sie dank ihrer Ungerechtigkeit ein Übel sei.

Ich kann es nicht leugnen.

Die Ruchlosen sind also viel unglücklicher, wenn sie mit ungerechter Straflosigkeit beschenkt als mit gerechter Buße bestraft sind.

Da sagte ich: Das stimmt zwar mit dem überein, was vor kurzem geschlossen wurde; aber ich bitte dich, läßt du denn keine Strafen für die Seelen übrig, wenn der Körper den Tod überstanden hat?

Doch, sagte sie, und zwar schwere, von denen die einen, wie ich glaube, mit der Härte der Buße, die anderen aber mit der Milde der Reinigung ausgeübt werden; aber über sie zu sprechen, ist jetzt nicht meine Absicht. – Unser Ziel aber war bis hierher dieses, daß du erkennen möchtest, die Macht der Bösen, die dir so unwürdig schien, ist nicht vorhanden; daß du sähest, die, über deren Straflosigkeit du dich beklagtest, seien niemals ohne Strafen für ihre Unrechtlichkeit; daß du lerntest, ihre Willkür, deren schnelle Beendigung du im

Gebet erflehtest, daure nicht lange, brächte ihnen mehr Unglück, wenn sie länger daure, und sei am unglücklichsten für
sie, wenn sie ewig wäre. Danach, daß die Ruchlosen elender
wären, wenn sie in ungerechter Straflosigkeit entlassen als
mit gerechter Buße belegt würden. Die Folge dieses Satzes
ist es, daß sie dann erst von noch schwereren Strafen bedrückt werden, wenn man sie für unbestraft hält.
Da sagte ich: Wenn ich deine Gründe erwäge, läßt sich nichts
Wahreres sagen, wenn ich hingegen zu den Urteilen der
Menschen zurückkehre, wer ist dann jener Mann, dem dies
nicht nur glaubwürdig, sondern überhaupt auch nur hörens-
wert erscheint?
So ist es, sagte jene. Sie können nämlich ihre an Finsternis
gewöhnten Augen nicht zum Licht heller Wahrheit erheben
und sind jenen Vögeln ähnlich, deren Gesicht die Nacht er-
leuchtet, der Tag blind macht; indem sie nicht die Ordnung
der Dinge, sondern ihre eigenen Leidenschaften anschauen,
glauben sie, Willkür und Straflosigkeit sei ein Glück. Siehe
aber, was das ewige Gesetz bestimmt. Bilde deinen Geist
durchs Bessere: so hast du den Richter nicht nötig, der dir
Belohnung bringt. Du selbst hast dich zu dem Erhabeneren
gesellt. Lenke deine Bestrebungen hinab zum Schlechteren:
suche nicht außerhalb den Rächer. Du hast dich selbst ins
Minderwertigere gestürzt. Wie du, siehst du abwechselnd
den schmutzigen Boden und den Himmel an, bald im Kot,
bald unter den Sternen zu weilen scheinst eben dank deinem
Sehen, während alles außerhalb still bleibt. Aber das Volk
berücksichtigt das nicht. Wie also? Wollen wir uns denen
anschließen, von denen wir bewiesen haben, daß sie den
Tieren ähnlich sind? Wie? Wenn einer vollständig das Gesicht
verlöre, sogar vergäße, daß er Sehkraft besessen und der
Meinung wäre, ihm fehle nichts zur menschlichen Vollkommenheit, würden dann wir, die Sehenden, dasselbe glauben
wie der Blinde? –
Denn auch bei jenem werden sie sich nicht beruhigen, das
sich auf gleich feste Pfeiler von Gründen stützt, daß näm-

lich die unglücklicher sind, die Unrecht tun, als die es leiden.

Ich möchte gern, sagte ich, diese Gründe selbst hören. Du bestreitest doch nicht, daß jeder Ruchlose Strafe verdient?

Keineswegs.

Daß aber unglücklich ist, wer ruchlos ist, ist vielfach klar.

Ja, sagte ich.

Die also Strafe verdienen, sind bejammernswert; daran zweifelst du nicht.

Darin sind wir einig, sagte ich.

Wenn du nun, sagte ich, als Richter dasäßest, wem müßte man nach deiner Meinung Strafe auferlegen, dem, der das Unrecht getan, oder dem, der es erlitten hat?

Ich bezweifle nicht, daß ich dem, der es erlitt, durch den Schmerz des Täters Genugtuung verschaffen würde.

Elender würde dir also der Täter als der Dulder des Unrechts erscheinen.

Das folgt, sagte ich.

Aus diesem und anderen Gründen, die in dem Kernsatz wurzeln, daß die Häßlichkeit durch ihre eigene Natur elend macht, ist es also offenbar, daß ein Unrecht, das man jemandem zugefügt hat, nicht ein Unglück des Erleidenden, sondern des Zufügenden ist.

Jetzt jedoch, sagte sie, handeln die Redner umgekehrt; für die nämlich, die etwas Schweres und Bitteres erlitten, suchen sie das Mitleiden der Richter zu erregen, während man doch in höherem Grade denen, die es begingen, gerechtes Mitleid schuldet. Sie müßten nicht von zornigen, sondern vielmehr von wohlwollenden und sie bedauernden Anklägern, wie Kranke vom Arzt, vor Gericht geführt werden, um die Krankheiten der Schuld durch Strafe auszuschneiden. Auf diese Weise würde die Arbeit der Verteidiger entweder ganz darniederliegen oder sie würde sich, wenn sie den Menschen nützen wollte, in die Form der Anklage verwandeln. Und auch die Bösen selbst würden, falls es ihnen erlaubt wäre, durch einen kleinen Spalt die verlassene Tugend zu erblicken,

und sie sähen, sie könnten den Schmutz ihrer Laster durch
die Martern der Strafe loswerden, durch den Ausgleich, daß
sie die Rechtschaffenheit erlangen, nicht glauben, daß dies
Martern wären, die Hilfe der Verteidiger verschmähen und
sich ganz den Anklägern und Richtern in die Hände geben.
Daher rührt es, daß bei den Weisen überhaupt kein Platz
für Haß bleibt. Denn wer – außer ganz großen Dumm-
köpfen – haßt wohl die Guten? Die Schlechten aber zu has-
sen, ist sinnlos. Denn wenn, wie Mattigkeit eine Krankheit
des Körpers, so Lasterhaftigkeit eine des Geistes ist, und da
wir die körperlich Kranken keineswegs für hassenswürdig,
sondern vielmehr für bemitleidenswert halten, sind auch die
in viel höherem Maße nicht zu verfolgen, sondern zu bemit-
leiden, auf deren Sinn gräßlicher als jedes Siechtum die
Ruchlosigkeit lastet.

Was erfreut's, zu erregen solches Toben
und mit eigener Hand Wecker zu sein des Geschicks?[8]
Wenn den Tod ihr erstrebt: er nahet selber
ganz von sich aus und hemmt nicht sein geflügelt Gespann.
Leu und Schlange, der Tiger, Bär und Eber
drohn mit den Zähnen, und doch zücken sie auf sich das
                                                        Schwert.
Weil die Sitten sich scheiden, fremd sich gram sind,
rüsten sie ungerecht Schlachten und grausamen Krieg,
wollen sterben durch gegenseit'ge Waffen?
Keinem Wüten ist Grund, welcher genügend gerecht.
Willst Verdiensten entsprechend Lohn du geben:
liebe die Guten, wie recht, Böser erbarme dich mild!

Hier sagte ich: Ich sehe, welches Glück oder Elend in den
Verdiensten der Rechtschaffenen und Ruchlosen selbst begründet liegt. Aber, wenn ich es erwäge, scheint es mir doch,
als wenn auch in diesem volkstümlichen Glück etwas Gutes
oder Schlechtes sein müsse; denn auch keiner der Weisen will
verbannt, arm, in Schande sein, anstatt reich an Schätzen,

ob seiner Stellung ehrwürdig, stark durch Macht in seiner
Heimat zu bleiben und dort zu gedeihen. So wird nämlich
ruhmvoller und bezeugter das Amt der Weisheit geübt,
wenn irgendwie das Glück der Regierenden auf die an-
schließenden Völker überströmt. Zumal da Kerker, Tod
und die übrigen Qualen gesetzlicher Strafen mehr den verderblichen Bürgern, deretwegen sie eingerichtet wurden,
zukommen. Warum sich dieses also in sein Gegenteil verwandelt, Strafe für Verbrechen die Guten bedrückt, die
Schlechten den Lohn der Tugenden wegraffen, darüber
wundere ich mich sehr und sehne mich danach, von dir zu
erfahren, was der Sinn so ungerechter Verwirrung ist. Weniger würde ich mich nämlich wundern, wenn ich glaubte, alles
verkehre sich in blinden Zufällen. Jetzt erhöht mein Staunen, daß Gott der Lenker ist. Da dieser häufig den Guten
Angenehmes, den Schlimmen Widriges und dann wieder den
Guten Hartes zuteilt, den Schlimmen Erwünschtes gewährt,
warum soll ich das dann, wenn nicht ein Grund dafür entdeckt wird, von den blinden Zufällen unterscheiden? Es ist
auch gar nicht verwunderlich, sagte sie, wenn man etwas für
planlos und verwirrt hält, weil man den Sinn der Ordnung
nicht versteht; aber magst du auch den Grund einer so gewaltigen Ordnung nicht kennen, so zweifle doch nicht, daß alles
richtig geschieht, da ein guter Lenker die Welt beherrscht.

> Wer nicht weiß, wie nah, hoch an dem Scheitel
> Arcturus' Sternbild ruhig die Bahn zieht,[9]
> wie Bootes träg lenket den Wagen
> und späte Flammen senkt in die Meerflut,
> während allzu schnell Aufgang er suchet –,
> bestaunt des hohen Äthers Gesetze.
> Bleicht das Horn des Monds, dann wenn er voll ist,
> getränkt vom Rande finsteren Dunkels,
> deckt, die ihr Gesicht hell überstrahlte,
> die Sterne Phöbe auf, die getrübten,

schreckt die Völker tief allerseits Irrtum,
sie müden raschen Schlages die Becken.
Niemand staunt, wenn jetzt Wehen des Corus
die Küste peitscht mit tosenden Wogen,
noch wenn Last des Schnees kälteverhärtet
von Phöbus' praller Hitze sich löset.
Ist's doch hier gar leicht, Gründe zu sehen;
verborgen dorten wirrn sie die Herzen.
Alles, was die Zeit selten hervorbringt,
bestaunt ein launisch Volk, und was plötzlich.
Weicht der Unkenntnis wolkiger Irrtum,
fürwahr dann säumt es, seltsam zu scheinen!

So ist es, sagte ich; da es aber deine Aufgabe ist, die Gründe
verborgener Dinge zu entrollen und ihren mit Dunkelheit
umhüllten Sinn zu entfalten, so lege bitte dar, was du hier
für Entscheidungen triffst, da mich ja dieses Wunder am
meisten verwirrt.

Da lächelte sie mir ein wenig zu und sagte: Du forderst mich
zu einer Sache auf, die am allerschwersten zu untersuchen
ist. Kaum tut ihr irgendein Ausschöpfen genug. So beschaffen ist nämlich der Stoff: hat man den einen Zweifel erledigt, wachsen unzählige andere nach wie Köpfe der Hydra;
und es gibt wohl nur dann eine Grenze, wenn einer sie mit
dem lebendigsten Feuer des Geistes bändigt. Hierbei pflegt
man nämlich Untersuchungen anzustellen über die Einfachheit der Vorsehung, über die Kette des Schicksals, über
plötzliche Zufälle, über göttliche Erkenntnis und Vorbe-
stimmung, über die Freiheit des Willens – Dinge, deren Gewicht du selbst abschätzen kannst. Aber da es ein Teil deiner
Arznei ist, daß du auch dies kennst, werden wir, obwohl
durch den engen Zeitraum beschränkt, doch etwas davon zu
erörtern suchen. Wenn dich aber der Genuß eines musischen
Liedes ergötzt, mußt du dies Vergnügen ein wenig aufschie-
ben, während ich die unter sich verknüpften Beweise der
Reihe nach zusammenfüge.

Wie es dir beliebt, sagte ich. –

Da sprach sie, gleichsam von einem anderen Ausgangspunkt beginnend, so: Aller Dinge Zeugung, ein jeder Fortschritt sich wandelnder Wesen und was sich auf irgendeine Art bewegt, zieht Ursachen, Ordnung, Gestalt aus der Festigkeit des göttlichen Geistes. Dieser, in der Burg seiner Einfachheit geborgen, bestimmt dem Geschehen seine vielfältige Form. Sieht man diese Form in der Reinheit der göttlichen Einsicht selbst, so nennt man sie Vorsehung. Wenn man sie aber auf das, was diese bewegt und ordnet, bezieht, so ist sie von den Alten Schicksal geheißen worden. Daß dies etwas Verschiedenes ist, wird leicht klar, wenn einer im Geiste beider Macht betrachtet. Denn die Vorsehung ist jene im allerhöchsten Herrn gegründete göttliche Vernunft selbst, die alles ordnet, das Schicksal aber eine den beweglichen Dingen innewohnende Ordnung, mittels derer die Vorsehung jedes mit seinen Regeln verknüpft. Die Vorsehung umfaßt nämlich alles in gleicher Weise, mag es noch so verschieden, mag es unendlich sein. Das Schicksal aber führt das einzelne nach Ort, Gestalt und Zeit verteilt zur Bewegung auseinander derart, daß diese Entfaltung der zeitlichen Ordnung, geeint im Ausblick des göttlichen Geistes, die Vorsehung ist, diese selbe Vereinigung aber, in der Zeit verteilt und entfaltet, Schicksal heißt.

Mögen sie auch verschieden sein, das eine hängt doch am anderen; denn die Schicksalsordnung entspringt der Einfachheit der Vorsehung. Wie der Künstler nämlich die Form des zu Gestaltenden im Geiste vorwegnimmt, dann an die Schaffung des Werkes geht und, was er in der Einheit und gegenwärtig vorausgesehen hatte, durch die zeitlichen Ordnungen leitet, so ordnet Gott durch die Vorsehung zwar das, was zu tun ist, einfach und fest, durch das Schicksal aber verwaltet er eben das, was er geordnet, vielfältig und in der Zeit. Sei es also, daß das Schicksal ausgeübt wird, indem göttliche Geister der Vorsehung dienstbar sind, sei es, daß durch eine Weltseele oder indem die ganze Natur dient,

oder durch die himmlischen Bewegungen der Gestirne, sei es,
daß durch die gute Kraft der Engel oder durch mannigfache
Geschicklichkeit von Dämonen, sei es, daß durch einiges von
diesem oder durch alles die Schicksalskette geflochten wird –
dies eine wenigstens ist offenbar, daß die unbewegliche und
einfache Form des Geschehens die Vorsehung ist, das Schicksal aber die bewegliche Verknüpfung und die zeitliche
Ordnung der Dinge, welche die göttliche Einfachheit zum
Geschehen geordnet hat.

Daher kommt es, daß alles, was unter dem Schicksal steht,
auch der Vorsehung unterworfen ist, der ja auch das Schicksal selbst unterliegt, daß manches aber, was seinen Ort unter
der Vorsehung hat, die Kette des Schicksals besiegt; es handelt sich um das, was, in der Nähe der ersten Gottheit fest
eingeheftet, aus der Ordnung der Schicksalsbewegung her-
austritt. Wie nämlich von Kreisen, die sich um denselben
Angelpunkt drehen, der innerste der Einfachheit der Mitte
sich nähert und gleichsam selber zum Angelpunkt der übrigen
äußeren Kreise wird, um den sie sich drehen, der äußerste
aber, der sich mit größerem Umfange dreht, sich in um so
größeren Räumen entfaltet, je weiter er sich von der Unteil-
barkeit des Punktes in der Mitte entfernt, wenn sich aber
etwas mit jener Mitte verbindet und vereint, es sich zur
Einfachheit zusammenzieht und sich auszubreiten und zu
zerfließen aufhört, in ähnlicher Weise ist das, was sich weiter vom ursprünglichen Geiste entfernt, in stärkere Schlingen
des Schicksals verflochten, und um so freier ist etwas vom
Schicksal, je näher es nach jenem Angelpunkt der Dinge hin-
strebt. Wenn es aber in der Festigkeit des Geistes droben
haftet, überwindet es, selbst ohne Bewegung, auch des Schicksals Notwendigkeit. Wie sich also zur Einsicht das Überlegen
verhält, zu dem, was ist, das, was wird, zur Ewigkeit die
Zeit, zum Mittelpunkt der Kreis, in solchem Verhältnis steht
zur unbewegten Einfachheit der Vorsehung die bewegliche
Schicksalskette.

Diese Kette bewegt Himmel und Sterne, die Elemente

gleicht sie untereinander aus und formt sie um durch wech-
selweise Vertauschung; ebenso erneuert sie alles Entstehende
und Vergehende durch ähnliche Entwicklung von Jungen
und Samen. Sie fesselt die Handlungen und das Glück der
Menschen durch die unlösliche Verknüpfung der Ursachen.
Da sie ausgeht von dem Ursprung der unbeweglichen Vorsehung, müssen diese notwendig auch selbst unveränderlich
sein. So werden nämlich die Dinge am besten gelenkt, wenn
die im göttlichen Geiste beharrende Einfalt eine unverbieg-
bare Ordnung der Ursachen hervorbringt, diese Ordnung
aber die Dinge, die veränderlich sind und sonst planlos hin
und her fluten würden, durch die eigene Unveränderlichkeit
bändigt. Daher kommt es, mag euch, die ihr diese Ordnung
keineswegs zu bedenken vermögt, auch alles trüb und verwirrt scheinen, daß nichtsdestoweniger eine eigene Bestimmtheit alles zum Guten leitend ordnet. Nichts gibt es nämlich,
was um des Bösen willen getan wird, nicht einmal von den
Ruchlosen selbst: diese, wie überreich gezeigt, wendet törich-
ter Irrtum auf der Suche nach dem Guten vom rechten Pfade
ab; geschweige denn, daß die Ordnung, die vom Angelpunkt
des höchsten Guten aus fortschreitet, irgendwo von ihrem
Ursprung abwiche. –
Kann es, wirst du sagen, irgendeine ungerechtere Verwirrung
geben, als daß den Guten bald Widriges, bald Günstiges und
auch den Schlechten jetzt Erwünschtes, dann Verhaßtes zuteil wird? Leben denn aber etwa die Menschen in solcher
Unversehrtheit des Geistes, daß die, welche sie als rechtschaffen oder böse eingeschätzt haben, notwendig auch so
sein müssen, wie sie glauben? Die Urteile der Menschen liegen hierbei doch im Kampfe, und wer nach der Meinung der
einen eine Belohnung, verdient nach der anderer eine Strafe.
Aber wir wollen zugeben, daß jemand die Guten und
Schlimmen unterscheiden könnte; wird er dann etwa auch
jene innerste Abgestimmtheit – so pflegt man beim Körper
zu sagen – der Seelen zu erschauen vermögen? Ganz ähnlich
ist für den Nichtwissenden nämlich das Wunder, warum ge-

sunden Körpern teils Süßes, teils aber Bitteres zuträglich ist, warum auch Kranke manchmal durch linde, andere durch scharfe Mittel Hilfe finden. Der Arzt jedoch wundert sich gar nicht, der Art und Mischung der Gesundheit selbst und der Krankheit auseinanderkennt. Was aber ist Gesundheit der Seelen anderes als Rechtschaffenheit, was Krankheit als Laster? Wer anders weiter ist der Wahrer des Guten und Vertreiber des Bösen als der Lenker und Heiler der Geister, Gott? Indem er von der hohen Warte der Vorsehung blickt, erkennt er, was einem jeden zuträglich ist, und läßt ihm zukommen, was er für passend erkannt hat. Hier geschieht nun das auffallende Wunder der Schicksalsordnung, wenn vom Wissenden getan wird, worüber die Nichtsahnenden bestürzt sind.

Denn um das Wenige, wozu menschliche Vernunft fähig ist, über die göttliche Unergründlichkeit nur zu streifen: über den, welchen du für den Gerechtesten und für besonders peinlich im Rechten hältst, ist die Vorsehung, die alles weiß, anderer Meinung. Und daß die siegreiche Sache den Göttern, die besiegte aber Cato gefallen hat, daran erinnert unser Freund Lukan[10]. Hier besitzen also, was du auch wider Erwarten geschehen siehst, die Dinge ihre richtige Ordnung, dein Wähnen aber verkehrte Verwirrung.

Gesetzt aber, es sei jemand so wohlgesittet, daß über ihn das göttliche Urteil wie das menschliche übereinstimmt: aber er ist schwach in der Kraft des Geistes; wenn ihm etwas Widriges zustieße, wird er vielleicht aufhören, die Unschuld zu üben, mit der er sein Glück nicht erhalten konnte. Deshalb schont ihn ein weises Walten, da ihn ein Unglück schlechter machen könnte, um nicht zu dulden, daß der leide, dem es nicht zukommt. Ein anderer ist vollkommen in allen Tugenden, ehrwürdig und Gott ganz nahe; daß dieser von irgendeinem Unglück betroffen wird, hält die Vorsehung so sehr für Unrecht, daß sie ihn nicht einmal von körperlichen Krankheiten gequält sein läßt. Denn wie einer sagt[11], der hervorragender ist als selbst ich:

Heiligen Mannes Gestalt fürwahr erbaute der Äther.

Häufig aber geschieht es, daß Guten die höchste Regierungsgewalt übertragen wird, auf daß der üppigen Ruchlosigkeit
die Spitze abgebrochen werde. Anderen teilt sie Vermischtes
zu, je nach der Beschaffenheit ihres Geistes. Manche zwackt
sie öfter, damit sie nicht durch zu langes Glück über die
Stränge schlagen, andere jagt sie mit hartem Leid, auf daß
sie die Tugenden des Geistes durch Pflege und Übung der
Geduld stärken. Die einen fürchten mehr als billig, was sie
tragen können, andere unterschätzen mehr als billig, was sie
nicht tragen können; diese Menschen führt sie durch Trübes
zur Selbstprobe. Einige erkauften um den Preis eines ruhmvollen Todes einen den Jahrhunderten ehrwürdigen Namen,
manche stellten, durch den Tod nicht bezwingbar, den übrigen ein Beispiel auf, daß Tugend durch Unglück nicht besiegbar sei; wie richtig, in der Ordnung und zu deren Nutzen dies ist, denen man es zuteil werden sieht, darüber ist
kein Zweifel.
Denn auch dies, daß den Bösen bald Trübes, bald Erwünschtes zuteil wird, beruht auf denselben Gründen. Und über
das Unglück wundert sich freilich niemand, weil alle der
Meinung sind, sie hätten Strafe verdient. Ihre Strafen
schrecken sowohl die übrigen von Verbrechen ab und bessern
die, gegen die sie losfahren. Das Frohe aber spricht für die
Guten einen gewichtigen Beweis, was sie von einem solchen
Glück halten müssen, das sie häufig Ruchlosen dienen sehen.
Dabei wird, glaube ich, auch dies weise verteilt, daß die Natur jemandes vielleicht so jäh und rücksichtslos ist, daß ihn
Armut vielmehr noch zu Verbrechen aufreizen könnte; dessen Krankheit heilt die Vorsehung mit der Arznei zugewendeten Geldes. Der andere sieht vielleicht sein Gewissen durch
schimpfliche Tat befleckt, vergleicht sich mit seinem Glücke
und fürchtet, daß der Verlust der Dinge, deren Genuß angenehm ist, schmerzlich sein würde: er wird also seine Lebensführung ändern, und, indem er fürchtet, sein Glück zu

verlieren, läßt er seine Schlechtigkeit. Andere stürzte ein
unwürdig genossenes Glück in verdientes Elend. Manchen
wurde das Recht zu strafen überlassen, damit es Ursache
wäre für die Guten zur Übung, für die Schlechten zur Strafe.
Denn wie unter Rechtschaffenen und Ruchlosen kein Bund
ist, so können auch die Ruchlosen unter sich nicht überein-
kommen. Wie sollte es auch anders sein? Da jeder mit sich
uneins ist, weil eben die Laster sein Gewissen zerreißen, und
sie häufig etwas tun, von dem sie nach der Tat selbst urteilen, es hätte nicht getan werden dürfen. In der Folge davon
hat jene höchste Vorsehung häufig das bemerkenswerte
Wunder gezeigt, daß Schlechte Schlechte gut machten. Denn
indem manche glaubten, von den Schlechtesten Ungebühr-
liches zu erleiden, kehrten sie in glühendem Haß gegen die
Schuldigen zur Biederkeit der Tugend zurück im Bestreben,
denen unähnlich zu sein, die sie haßten.

Allein die göttliche Macht ist es nämlich, der auch das
Schlechte gut ist, indem sie durch gemäßen Gebrauch die
Wirkung von etwas Gutem aus ihm hervorlockt. Eine gewisse Ordnung nämlich umfaßt alles, so daß, was von der
zugewiesenen Art der Ordnung abweicht, wenn auch in eine
andere, so doch wieder in eine Ordnung gleitet, damit im
Reiche der Vorsehung der Planlosigkeit nichts gestattet sei.

»Schwer ist's mir, wie ein Gott das alles zu sagen.«[12] Denn
für den Menschen ist es nicht erlaubt, alle Vorrichtungen des
göttlichen Mühens im Geist zu erfassen oder im Wort zu
entfalten. Dies nur möge genügen, durchschaut zu haben,
daß der Schöpfer aller Wesen, Gott, zugleich alles zum Guten lenkt und dadurch ordnet, und während er das, was er
nach seiner Ähnlichkeit erschuf, zu erhalten strebt, alles Böse
aus den Grenzen seines Reiches durch die Kette schicksalhaf-
ter Notwendigkeit verbannt. Dadurch kommt es, daß du
– was man auf Erden im Überfluß glaubt –, siehst du auf
die ordnende Vorsehung, zu der festen Meinung gelangst, es
gibt nirgends etwas Böses. Aber ich sehe dich schon längst,
von dem Gewicht der Untersuchung belastet und von der

Ausführlichkeit der Beweise ermüdet, die Süße eines Liedes
erwarten; empfange also den Trunk, auf daß du, durch ihn
erfrischt, stärker zu Weiterem strebst!

> Wer des ragenden will, des Donnerers Reich[13]
> mit reinem Geist erspähen geschickt,
> der blicke empor zu dem Gipfel des Pols;
> im gerechten Bund bewahren dort
> den alten Frieden die Sterne fest.
> Es hindert nicht Sol, vom Feuer erregt,
> dem gelben, des Monds erkalteten Lauf,
> nicht begehret der Bär, der am Scheitel des Zelts
> die reißende Bahn in Kreisen schlingt,
> niemals getaucht in die Tiefe im West,
> sieht er andres Gestirn versinken im Bad,
> im Ozean zu netzen die Glut;
> und immer gleich im Wechsel der Zeit
> tut Vesper kund die Schatten spät,
> führt Luzifer auf den gütigen Tag.
> So erneuert den Lauf in Ewigkeit
> gegenseitige Lieb, aus dem Sternengefild
> ist weit so verbannt zwieträchtiger Krieg.
> Dieser Einklang regiert im gerechten Maß
> das Element, daß im wechselnden Kampf
> das Feuchte weicht vor dem trocknen Stoff
> und die Kälte der Glut ihren Treuschwur gibt,
> das Feuer sich hebt freischwebend zur Höh
> und die Erde beschwert vom Gewichte sich setzt.
> Aus diesem Grund haucht das blumige Jahr
> im linden Lenz seinen süßen Duft,
> und der Sommer dorrt die Ceres in Glut,
> kehrt der Herbst zurück an Früchten schwer,
> und den Winter benetzt in Strömen das Naß.
> Diese Harmonie läßt wachsen und nährt,
> was immer da atmet sein Leben im All;
> zugleich aber rafft sie, entführt sie und birgt

> das Geborne zuletzt eintauchend im Tod.
> Indessen thront der Schöpfer erhöht,
> und regierend lenkt er der Dinge Zaum,
> der König und Herr, der Ursprung und Quell,
> das Gesetz und dem Recht der weise Hort.
> Und was er im Schwung zur Bewegung treibt,
> das hemmt er zur Ruh, macht das Schweifende fest.
> Denn wenn er nicht holt den geraden Lauf
> und wieder zwängt zum gebeugten Kreis,
> so würde, was jetzt feste Ordnung hält,
> von der Quelle entfernt erleiden den Riß.
> Das ist die Liebe, die allen gemein,
> und sie streben nach Halt durch des Guten Ziel,
> weil auf andere Art ihnen Dauer versagt,
> wofern sich nicht kehrt ihre Liebe zurück
> und sie fluten zum Grund, der das Sein ihnen gab.

Siehst du also jetzt, was aus dem Gesagten folgt?

Was denn? sagte ich.

Daß alles Geschick, sagte sie, von Grund auf gut ist.

Und wie kann das bewiesen werden? frage ich.

Merke auf, sagte sie. Weil jedes Geschick, sei es angenehm oder hart, verhängt wird, um die Guten zu belohnen oder zu üben und um die Ruchlosen zu strafen und zu bessern, ist jedes gut, da feststeht, daß es gerecht oder nützlich ist.

Ein sehr wahrer Gedanke und, wenn ich betrachte, worüber du eben gelehrt hast, die Vorsehung oder auch das Geschick, ein auf feste Kräfte gestützter Satz. Aber wir wollen ihn, wenn es dir recht ist, zu denen zählen, die du vor kurzem als unvorstellbar hingestellt hast.

Wie? sagte sie.

Weil das Gerede der Menschen – und zwar mancher häufig – behauptet, das Geschick sei böse.

Willst du also, sagte sie, daß wir uns ein wenig den Reden des Volkes nähern, damit wir uns nicht allzu weit von dem Brauch der Menschheit zu entfernen scheinen?

Wie du willst, sagte ich.

Du hältst doch für gut, was nützt.

Ja, sagte ich.

Ein Schicksal aber, das übt oder bessert, nützt?

Ich bekenne es, sagte ich.

Ist also gut?

Natürlich.

So aber ist das Schicksal derer, die entweder auf dem Boden der Tugend gegen rauhes Geschick Krieg führen oder von Lastern sich abwendend den Weg der Tugend zu packen suchen.

Ich kann es nicht leugnen, sagte ich.

Wie aber? Das Angenehme, das den Guten zur Belohnung zugeteilt wird, ist das nach Ansicht des Volkes etwa schlecht?

Keineswegs, sondern, wie es sich wirklich verhält, so ist es auch der Meinung, daß es das beste ist.

Wie? Das andere, das, da es hart ist, die Bösen durch gerechte Strafen bändigt, hält es das Volk etwa für gut?

Im Gegenteil, sagte ich, das ist nach der Stimme des Volkes das allerjämmerlichste, das sich ausdenken läßt. Sieh also zu, daß wir nicht, indem wir der Meinung des Volkes folgten, etwas sehr Unvorstellbares zustande gebracht haben.

Was? sagte ich.

Aus dem nämlich, sagte sie, was zugestanden ist, folgt, daß das Geschick derer, die im Besitz der Tugend oder auf dem Wege zu ihr sind oder sie erlangen, ein jedes, wie es auch sei, gut ist, für die aber, welche in der Ruchlosigkeit verharren, ein jedes überaus schlecht.

Das ist wahr, sagte ich, wenn es auch niemand einzugestehen wagte.

Deshalb, sagte sie, darf sich der Weise nicht beschweren, sooft er in den Kampf mit dem Geschick geführt wird, genau so wenig, wie dem Helden Empörung ziemt, wenn der Kriegslärm tost. Beiden nämlich ist gerade die Schwierigkeit Stoff: dem einen, seinen Ruhm auszubreiten, jenem aber,

seine Weisheit zu stärken. Davon hat ja auch die Tugend
ihren Namen, daß sie auf die eigene Kraft gestützt vom
Widrigen nicht überwunden wird; denn ihr, die ihr im Fortschritt zur Tugend seid, seid nicht gekommen, vor Wonne zu
zerfließen und im Genuß zu erschlaffen. Kampf führt ihr
heftig im Geiste mit jedem Geschick, auf daß euch ein trübes
nicht überwältige oder ein angenehmes nicht verderbe. Mit
fester Kraft besetzt die Mitte; alles, was darunter stehen
bleibt oder darüber hinausgeht, enthält eine Geringschätzung
des Glückes, nicht den Lohn für den Kampf. In eurer Hand
ist es nämlich gelegen, wie ihr euch euer Geschick zu gestalten wünscht; denn ein jedes, das hart scheint, straft, wenn es
nicht übt oder bessert.

> Zweimal fünf der Jahre am Kriege tätig,[14]
> rächend hat gesühnt der Atrid des Bruders
> weitgeraubtes Bett durch Verwüstung Phrygiens.
> Da gefülltes Segel er Hellas' Flotte
> wünscht zu leihn, mit Blute erkauft die Winde,
> streift er ab den Vater, befleckt der Tochter
> arme Kehle finster als Opferpriester. –
> Es beweint Ulyß den Verlust der Mannschaft,
> die dahingestreckt in der weiten Höhle,
> wild barg Polyphem in dem Riesenleibe;
> aber rasend hat er erloschnen Blickes
> seine Lust bezahlet mit bittren Tränen. –
> Herkules bringt Ruhm seine harte Mühsal.[15]
> Der Kentauren Stolz, ihn hat er gebändigt,
> hat dem wilden Leu seinen Schmuck genommen,
> traf mit sichrem Pfeile die Flügelwesen,
> riß die Äpfel fort vor des Drachen Augen,
> schwer vom goldnen Erze gesenkt die Linke,
> schleifte Cerberus an der Drillingskette.
> Sieger, rühmt man, warf er dem wilden Vierspann
> selbst den harten Herrn in den Trog als Futter.
> Ausgebrannten Giftes verdarb die Hydra,

Achelous barg, an der Stirn geschändet,
schamvoll das Gesicht in den tiefen Ufern.
Streckt in Libyens Sand den Antäus nieder,
Cacus muß den Zorn des Euander stillen,
und, die drücken sollte des Poles Rundung,
hat der Borstenträger beschäumt, die Schultern.
Und die letzte Tat! Hat die Welt getragen
ungebeugten Haupts, hat als Lohn hinwieder
sich zuletzt verdient den Besitz des Himmels.
Geht ihr Tapfern jetzt, wo die steile Straße
großen Beispiels führet. Warum so feige
blößet ihr den Rücken? Besiegte Erde
schenkt euch die Sterne!

FÜNFTES BUCH

Sie hatte gesprochen und wollte den Lauf ihrer Rede zu anderem wenden, es zu behandeln und zu erläutern. Da sagte ich: Richtig ist deine Mahnung und würdig deines Ansehens; aber was du eben über die Vorsehung gesagt hast, daß ihre Untersuchung mit noch anderen verknüpft sei, das merke ich in der Tat. Ich frage mich nämlich, ob nach deiner Meinung der Zufall überhaupt etwas, und was er sei.

Da sagte jene: Ich beeile mich, die Schuld meines Versprechens abzutragen und dir die Straße zu öffnen, auf der du in die Heimat zurückfahren kannst. Dies aber, mag es auch sehr nützlich sein, es kennenzulernen, ist doch ein wenig von dem Pfad unseres Vorsatzes abgelegen, und es ist zu fürchten, daß du, durch Umwege ermüdet, nicht mehr die Kraft aufbringen kannst, den geraden Weg zu Ende zu gehen.

Fürchte das gar nicht, sagte ich; denn es ist mir Erholung, das zu erkennen, worüber ich mich am meisten freue. Zugleich dürften, wenn jede Seite deiner Erörterung in unbezweifelbarer Zuverlässigkeit feststeht, keine Bedenken über das daraus Folgende aufkommen.

Da sagte sie: Ich werde dir den Gefallen tun, und begann zugleich so: Wenn jemand, sagte sie, in einer Definition behauptet, ein Ereignis, das durch planlose Bewegung und ohne Verknüpfung von Ursachen entstehe, sei Zufall, so versichere ich, daß es überhaupt keinen Zufall gibt, und nach meiner Meinung ist es außer einer Bezeichnung für eine hypothetische Sache ein gänzlich leeres Wort; denn welcher Raum kann irgend übrig sein für Planlosigkeit, da Gott doch alles in Ordnung zwingt? Denn daß nichts aus nichts entstehe, ist ein wahrer Satz, gegen den niemand der Alten je Widerspruch erhoben hat, obwohl sie ihn niemals in bezug auf das tätige Grundprinzip, sondern in bezug auf den zugrunde liegenden Stoff als ein Fundament aller Untersuchungen über die Natur gelegt haben. Wenn dagegen etwas ohne Ursachen entsteht, so scheint es aus nichts entstanden

zu sein; wenn dies aber nicht möglich ist, ist auch ein Zufall
derart, wie wir ihn eben bestimmt haben, unmöglich.

Wie also, sagte ich, gibt es nichts, was man mit Recht Zufall
oder Ungefähr nennen könnte? Oder gibt es etwas, dem
diese Worte zukommen, wenn es auch dem Volk verborgen
ist?

Mein Aristoteles hat das, sagte sie, in seinen Physika in kurzem, der Wahrheit nahem Gedankengang bestimmt.

Auf welche Weise denn? sagte ich.

Sooft etwas um irgendeiner Sache willen geschieht, und aus
bestimmten Gründen etwas anderes eintrifft, als beabsichtigt
wurde, so heißt das Zufall, wie z. B. wenn jemand den Boden umgräbt, um einen Acker zu bestellen, und dabei eine
Last vergrabenen Goldes findet. Man glaubt zwar, das sei
zufällig geschehen, aber es ist nicht aus dem Nichts entstanden; denn es hat eigene Ursachen, deren plötzliches und unerwartetes Zusammentreffen einen Zufall bewirkt zu haben
scheint. Hätte nämlich der Bauer nicht den Boden umgegra-
ben, hätte nicht der Verstecker an dieser Stelle sein Geld mit
Erde bedeckt, wäre das Gold nicht gefunden worden. Das
sind also die Ursachen des zufälligen Gewinns, der aus sich
kreuzenden und zusammenströmenden Ursachen, nicht aus
dem Willen des Handelnden entstand. Denn weder der das
Gold mit Erde bedeckte, noch der, der den Acker bestellte,
beabsichtigte, daß das Geld gefunden würde, sondern, wie
gesagt, es traf sich und kam zusammen, daß dieser grub, wo
jener vergraben hatte. Man kann also definieren: Zufall ist
ein unvermutetes Geschehnis aus zusammenströmenden Ursachen in Dingen, die eines Bestimmten wegen unternommen
werden. Daß aber die Ursachen zusammentreffen und zu-
sammenströmen, bewirkt jene Ordnung, die in unentrinn-
barer Verknüpfung vorwärts schreitet, die aus dem Quell
der Vorsehung herabsteigend alles nach seinem Ort und seiner Zeit einteilt.

Nieder von Persiens Fels, wo die plötzlich gekehrten
                                                    Geschosse[1]
in der Verfolger Brust heftet der fliehende Kampf,[2]
lösen sich Tigris und Euphrat hervor aus einziger Quelle;[3]
doch die Wasser getrennt, fließen sie balde entzweit.
Wenn sie verschmelzen und wieder zu einem Laufe sich
                                                    rufen,
strömt zusammen, was noch beider Gewässer geschleppt,
treffen sich Schiffe, begegnen vom Fluß entwurzelte
                                                    Stämme,
knüpft die Woge vermischt zufallsregiertes Gebild.
Ihr unstetes Gefälle jedoch regiert der Erde
Neigung und Stromesgesetz abwärtsgeglittenen Schwalls.
Der mit gelöstem Zügel, der Zufall, scheinet zu schwimmen,
so muß er dulden den Zaum, laufen selbst er nach Gesetz!

Ich bemerke es, sagte ich, und stimme zu, daß es so ist, wie
du sagst. Aber gibt es in dieser Kette in sich zusammenhängender Ursachen eine Freiheit unserer Entscheidung oder
fesselt die Kette des Verhängnisses auch die Bewegungen der
menschlichen Seele?
Es gibt sie, sagte sie; denn es dürfte kein vernunftbegabtes
Wesen geben, ohne daß es Willensfreiheit besäße. Denn was
von Natur Vernunft gebrauchen kann, das besitzt ein Urteil,
mit dem es jedes unterscheidet; von sich aus hält es also zu
Vermeidendes oder Wünschenswertes auseinander. Was jemand aber für wünschenswert hält, das erstrebt er; er flieht
aber, was man nach seiner Ansicht fliehen muß. Deshalb
wohnt in den Dingen, in denen Vernunft ist, auch die Freiheit des Wollens und Nichtwollens.
Aber ich behaupte, daß sie nicht bei allen gleich ist. Denn
überirdischen und göttlichen Wesen ist ein durchdringendes
Urteil zu eigen, ein unbestechlicher Wille und die Macht, die
das Gewünschte erwirkt. Menschliche Seelen aber sind zwar
mit Notwendigkeit dann freier, wenn sie sich im Schauen

des göttlichen Geistes erhalten, weniger frei aber, wenn sie
an Körper auseinandergleiten und noch weniger, wenn sie
sich an irdische Glieder binden. Die äußerste Knechtschaft
aber ist es, wenn sie, den Lastern ergeben, des Besitzes der
eigenen Vernunft verlustig gehen. Denn sobald sie die Augen
vom Licht der höchsten Wahrheit zu Niedrigerem und
Schattenerfülltem gesenkt haben, verdüstern sie bald in der
Wolke der Unwissenheit, werden verwirrt von verderblichen
Leidenschaften, unterstützen die Knechtschaft, die sie sich
aufgeladen haben, indem sie an sie herantreten und mit ihnen
eins sind, und sind gewissermaßen Gefangene durch ihre
eigene Freiheit. Das sieht freilich jener Blick der Vorsehung,
die seit Ewigkeit alles vorhersieht, und ordnet ein jedes vor-
bestimmt nach seinen Verdiensten.

> Alles erspähe und alles erhöre[4]
> Phöbus, in reinem Lichte erstrahlend,
> singt Homer süßströmenden Mundes.[5]
> Freilich das innerste Mark unserer Erde
> oder des Meers vermag mit dem schwachen
> Licht der Strahlen er nicht zu durchdringen.
> Anders der Gründer des mächtigen Alles;
> ihm, der vom Hohen jedes erschauet,
> trotzet mit keiner Masse die Erde,
> hindert nicht Nacht mit finsteren Wolken.
> Alles, was ist, was gewesen, was kommet,
> sieht er in einem Strahle des Geistes;
> maßen er alles als einziger fasset,
> magst du ihn heißen die wirkliche Sonne.

Da sagte ich: Sieh, ich werde wieder von einem noch schwereren Zweifel verwirrt.
Was ist denn das für einer? sagte sie. Ich vermute nämlich
schon, wodurch du in Unruhe versetzt wirst.
Zu sehr entgegengesetzt zu sein und zu widerstreiten, sagte
ich, scheinen die Behauptungen, daß Gott alles im voraus

kennt und daß eine Willensfreiheit besteht. Denn wenn Gott
alles voraussieht und auf keine Weise getäuscht werden kann,
muß notwendig geschehen, was die Vorsehung als zukünftig
vorausgesehen hat. Daher wird es keine Willensfreiheit
geben, wenn sie von Ewigkeit an nicht nur die Taten der
Menschen, sondern auch ihre Pläne und ihren Willen im voraus kennt; denn kein anderes Geschehnis noch irgendein
Wollen wird entstehen können außer dem, das die göttliche
untrügliche Vorsehung vorausgemerkt hat. Denn wenn man
sie nach anderer Richtung, als vorausgesehen, abbiegen kann,
wird es sich nicht mehr um ein festes Vorwissen der Zukunft
handeln, sondern vielmehr um eine unsichere Meinung. Dies
von Gott zu glauben, halte ich für Sünde.
Ich billige nämlich nicht die Art, wie gewisse Leute glauben,
den Knoten dieser Frage lösen zu können. Sie sagen, nicht
deshalb werde etwas geschehen, weil die Vorsehung vorausgesehen habe, daß es geschehe, sondern vielmehr im Gegenteil, da etwas geschehen werde, könne das der göttlichen
Vorsehung nicht verborgen sein, und so schlage dies notwendig gerade in sein Gegenteil um. Denn es sei nicht nötig, daß
eintreffe, was vorausgesehen wird, sondern notwendig, daß
vorausgesehen werde, was sein wird. Gerade als ob man sich
damit abplage, welches die Ursache von beiden sei, ob das
Vorauswissen der Zukunft die Ursache der Notwendigkeit
oder die Notwendigkeit der Zukunft die der Vorsehung,
und wir uns nicht dieses zu zeigen bemühten, daß, wie immer sich auch die Ordnung der Ursachen verhalten möge,
das Eintreffen vorausgewußter Dinge notwendig sei, selbst
wenn das Vorauswissen den zukünftigen Dingen nicht die
Notwendigkeit zu geschehen aufzulegen scheine.
Denn wenn jemand sitzt, muß die Meinung, die vermutet,
daß er sitzt, wahr sein, und umgekehrt wiederum: wenn betreffs jemandes die Meinung wahr ist, daß er sitzt, so muß
er notwendig sitzen. In beiden also ist Notwendigkeit, hier
des Sitzens, dort der Wahrheit. Aber man sitzt nicht des-
wegen, weil die Meinung wahr ist, sondern diese ist vielmehr

wahr, weil vorausgegangen ist, daß jemand sitzt. So ist, obwohl der Grund für die Wahrheit aus der einen Seite her-
vorgeht, doch in beiden eine gemeinsame Notwendigkeit.
Ähnliches kann man leicht über die Vorsehung und die künftigen Dinge schließen; denn wenn sie deshalb, weil sie bevor-
stehen, vorausgesehen werden, nicht aber deshalb geschehen,
weil sie vorausgesehen werden, müssen sie nichtsdestoweniger von Gott als kommend vorausgesehen werden, oder
auch, da sie vorausgesehen sind, als vorausgesehen eintreffen. Und das genügt schon allein, um die Willensfreiheit zu
vernichten.
Wie stellt es aber die Sache gar auf den Kopf, daß das Eintreffen zeitlicher Dinge die Ursache für das ewige Vorwissen
sein soll! Zu meinen, daß Gott deshalb das Zukünftige voraussieht, weil es eintreffen wird, was ist das anderes, als des
Glaubens zu leben, daß, was einst geschah, die Ursache jener
höchsten Vorsehung ist?
Außerdem: wie, wenn ich weiß, daß etwas ist, dies notwendig selbst ist, so muß, wenn ich etwas als zukünftig kenne,
dies selbst notwendig zukünftig sein; so kommt es also, daß
das Eintreten einer vorausgewußten Sache nicht vermieden
werden kann.
Schließlich: wenn jemand über etwas in anderer Richtung
denkt, als sich die Sache verhält, so ist das nicht nur kein
Wissen, sondern ein trügendes Wähnen, das von der Wahrheit des Wissens weit verschieden ist. Wenn daher etwas so
bevorsteht, daß sein Eintreten nicht gewiß und notwendig
ist, wie wird man vorauswissen können, daß es geschehen
wird? Wie nämlich das Wissen nicht mit Falschheit vermischt
ist, so kann das, was von ihm aufgefaßt wird, nicht anders
sein als es aufgefaßt wird. Das ist nämlich der Grund, warum Wissen frei ist von Falschem, weil sich eine jede Sache
notwendig so verhält, wie es das Wissen erfaßt. Wie also?
Auf welche Weise erkennt Gott diese ungewisse Zukunft
voraus? Wenn er meint, daß unvermeidlich eintreffen wird,
was möglicherweise auch nicht eintrifft, so täuscht er sich.

Das ist nicht nur Sünde zu meinen, sondern auch nur
auszusprechen. Wenn er aber urteilt, daß es so kommen
wird, wie es seinem Wesen nach ist, derart, daß er erkennt,
es könne in gleicher Weise geschehen oder auch nicht geschehen, was ist dann dieses Vorauswissen, das nichts Siche-
res, nichts Festes erfaßt? Oder worin unterscheidet es sich
von jener lächerlichen Weissagung des Tiresias[6]: »Was ich
sagen werde, wird sein oder nicht«? Worin übertrifft dann
selbst die göttliche Vorsehung wohl menschliches Wähnen,
wenn sie, wie die Menschen, unsicher über Dinge urteilt,
deren Eintreffen ungewiß ist? Wenn hingegen bei jener be-
stimmtesten Quelle aller Dinge nichts Unbestimmtes sein
kann, so ist das Eintreffen der Dinge, die jene als zukünftig
fest gewußt hat, bestimmt.

Deshalb besitzen menschliche Pläne und Handlungen keine
Freiheit. Der göttliche Geist, der alles ohne der Falschheit
Irren voraussieht, bindet und fesselt sie an *einen* Ausgang.

Wenn das nun einmal angenommen ist, so ist klar, welche
Vernichtung der menschlichen Dinge die Folge ist; umsonst
nämlich setzt man für Gute und Böse Belohnungen oder
Strafen aus, die kein freier und willentlicher Entschluß der
Seelen verdient hat. Und das scheint am allerungerechtesten,
was jetzt als das Gerechteste gilt: daß die Ruchlosen bestraft
oder die Rechtschaffenen beschenkt werden; denn sie treibt
zu beidem nicht der eigene Wille, sondern die feste Notwendigkeit der Zukunft zwingt sie dazu. Weder Laster also
noch Tugenden dürften dann irgend etwas sein, sondern vielmehr nur die vermischte, ununterscheidbare Wirrnis aller
Verdienste. Und das Schlimmste, was sich ausdenken läßt:
da die gesamte Ordnung der Dinge sich von der Vorsehung
ableitet und menschlichem Planen nichts freisteht, ergibt sich,
daß auch unsere Laster auf den Urheber alles Guten zurückgeführt werden. Also liegt natürlich auch kein Sinn darin, etwas zu erhoffen und im Gebet zu erflehen; wie soll
denn jemand hoffen oder auch beten, da alles Wünschens-
werte eine unabdingbare Kette verknüpft? Aufgehoben wird

jener einzige Verkehr zwischen den Menschen und Gott, ich
meine des Hoffens und des Gebets, sofern wir uns um den
Preis gerechter Demut die unschätzbare Erwiderung der
göttlichen Gnade verdienen, die einzige Art, in der die Menschen mit Gott sprechen und sich jenem unzugänglichen
Lichte, eher sogar als sie es erlangen, durch das Mittel des
Gebetes verbinden können. Wenn man mit der Annahme
der Notwendigkeit des Zukünftigen glaubt, dies besitze
keine Macht, was wird es dann geben, womit wir uns dem
höchsten Fürsten der Dinge verknüpfen und ihm anhangen
können? . . . Daher wird notwendig das Menschengeschlecht,
wie du eben sangest, ausgesperrt und getrennt von seinem
Quell in sich zerfallen.

> Welch zwiespältiger Trieb löst der Dinge Bund[7]
> denn auf? Welcher Gott hat so mächtigen Krieg
> dem Wahren entfacht, das zwiefach geteilt,
> daß, was einzeln, getrennt, für sich hat Bestand,
> widerstrebt gleichwohl, sich zu ketten vermischt?
> Oder herrscht gar nicht für das Wahre der Zwist
> und hängt es bestimmt zusammen allzeit?
> Nur der Geist, verdeckt durch der Glieder Nacht,
> vermag mit der Glut des verdeckten Lichts
> das hauchdünne Band nicht zu schauen der Welt?
> Warum aber glüht er von Liebe so groß,
> die verdeckte Spur des Wahren zu sehn?
> Ob er weiß, was so peinlich zu kennen er strebt?
> Aber wer macht sich Müh, zu wissen, was kund?
> Jedoch, weiß er's nicht, was sucht er in Nacht?
> Denn wer hat den Wunsch nach etwas, was fremd?
> Oder wer vermag, Ungewußtes zu spürn?
> Und wo sucht er's auf? Die gefundene Gestalt
> zu erkennen, wer kann's, wenn er jene nicht kennt?
> Oder hat, als er sah den erhabenen Geist,
> er zugleich erkannt den Stein und den Bau?
> In der Wolke jetzt der Glieder versteckt,

hat er seiner nicht ganz vergessen und hält
das Ganze umfaßt, das Einzelne schwand.
Ein jeder also, der die Wahrheit sucht,
ist in keinem Stand; denn er kennt nicht, jedoch
ist ihm alles auch nicht verborgen vom Grund,
sondern dessen er fest, des Ganzen, gedenk,
das befragt er, erwägt tief Erschautes erneut,
daß bewahrtem er mag den vergessenen Teil zu fügen
hinzu.

Da sagte jene: Alt ist diese Klage über die Vorsehung,
von Marcus Tullius[8], als er die Weissagung behandelte,
energisch erörtert und eine von dir selbst schon lange und
viel untersuchte Frage, keineswegs aber bis jetzt von einem
unter euch sorgfältig und sicher genug gelöst. Der Grund für
die Unklarheit ist der, daß die Bewegung des menschlichen
Denkens nicht an die Einfachheit des göttlichen Vorwissens
herangebracht werden kann. Wenn diese irgendwie gedacht
werden könnte, wird überhaupt nichts Zweifelhaftes mehr
bleiben. Das werde ich erst dann offenzulegen und ausein-
anderzusetzen suchen, wenn ich vorher das, was dich bewegt,
erwogen habe.
Ich frage nämlich, warum du die erwähnte Überlegung derer,
die es zu lösen versuchen, für weniger wirksam hältst, welche
die Meinung vertritt, weil sie glaube, daß das Vorwissen für
die künftigen Dinge nicht die Ursache der Notwendigkeit
ist, werde die Freiheit des Willens durch das Vorwissen nicht
gehindert. Ziehst du etwa den Beweis für die Notwendigkeit
des Zukünftigen anderswoher und nicht vielmehr daraus,
daß das, was vorausgewußt wird, unbedingt geschehen muß?
Wenn also die Vorauskenntnis den zukünftigen Dingen
keine Notwendigkeit verleiht – was du eben auch selbst
gestandest –, was für ein Grund besteht dann, das frei-
willige Erfolgen der Dinge an einen festen Ausgang zu
zwingen? Denn um einmal die Annahme zu machen, damit
du bemerkst, was daraus folgt, wollen wir setzen, es gäbe

kein Vorwissen. Würde also dann, soweit es darauf an-
kommt, das, was aus dem Willen kommt, zur Notwendigkeit
gezwungen?
Keineswegs.
Setzen wir nun wiederum, es gäbe es, aber lege den Dingen
nichts von Notwendigkeit auf; dann wird, wie ich meine, dieselbe unversehrte und unbedingte Willensfreiheit bleiben.
Aber das Vorwissen, wirst du sagen, ist, wenn es für das
Zukünftige auch nicht Notwendigkeit des Geschehens be-
deutet, doch ein Zeichen, daß es notwendig kommen werde.
Dann würde also feststehen, daß die Ereignisse der Zukunft
notwendig sind, auch wenn es kein Vorauskennen gegeben
hätte; denn jedes Zeichen zeigt nur auf, was ist, bewirkt
aber nicht, was es anzeigt. Deshalb muß man vorher zeigen,
daß alles aus Notwendigkeit eintrifft, damit es an den Tag
tritt, daß das Vorauskennen ein Zeichen dieser Notwendigkeit ist; sonst, wenn diese nicht besteht, wird auch jenes nicht
ein Zeichen dieser Sache sein können, die nicht existiert. Es
steht aber vollends fest, daß ein Beweis, der sich auf feste
Gründe stützt, nicht aus Symptomen und von außen geholt-
ten Argumenten, sondern aus sachgemäßen und zwingenden
Gründen zu führen ist. Aber wie ist es möglich, daß nicht in
Erscheinung tritt, was als zukünftig vorausgesehen wird?
Gerade als ob wir glaubten, das, von dem die Vorsehung im
voraus erkennt, daß es geschehen wird, werde nicht eintreten, und nicht vielmehr jener Meinung wären, daß es doch,
mag es geschehen, seiner Natur nach nichts von Notwendigkeit besaß, daß es geschah! Das wirst du von dem Folgenden
aus leicht richtig werten können: viel schauen wir, was geschieht, während es geschieht, was dem Urteil unserer Augen
unterliegt, z. B. das, was man die Wagenlenker bei der Leitung und Wendung der Viergespanne tun sieht, und übriges
derart. Zwingt nun irgendeine Notwendigkeit, daß etwas
von diesem so geschieht?
Keineswegs; umsonst wäre nämlich die Wirkung der Kunst,
wenn sich alles unter dem Zwang bewegte.

Was nun, während es geschieht, frei ist von der Notwendigkeit zu geschehen, das ist auch, ehe es geschieht, bevorstehend ohne Notwendigkeit. Deshalb gibt es gewisse, in Zukunft eintretende Dinge, deren Ausgang von jeder Notwendigkeit frei ist. Denn das wird, glaube ich, keiner behaupten wollen, daß, was jetzt geschieht, bevor es geschah, nicht im Zustand des Geschehenwerdens gewesen ist: dies also besitzt, auch wenn es vorausgewußt war, freien Ausgang. Denn wie die Kenntnis gegenwärtiger Dinge dem keinerlei Notwendigkeit bringt, was geschieht, so das Vorwissen des Zukünftigen nicht dem, was kommen wird.

Aber gerade darüber, sagst du, zweifelt man, ob überhaupt ein Vorwissen der Dinge möglich ist, die keinen notwendigen Ausgang besitzen. Das scheint nämlich einander zu widersprechen, und du meinst, wenn sie vorausgesehen würden, folge daraus ihre Notwendigkeit; wenn die Notwendigkeit fehle, würden sie keineswegs vorausgewußt und nur Bestimmtes könne vom Wissen erfaßt werden. Wenn aber, was unsicheren Ausgangs ist, gleich wie Bestimmtes vorausgesehen wird, so sei das Dunst einer bloßen Meinung, nicht Wahrheit des Wissens; denn anders zu meinen, als sich die Sache verhält, glaubst du, sei der Unantastbarkeit des Wissens fremd.

Der Grund für diesen Irrtum ist der: jeder meint, alles, was er weiß, werde nur erkannt aus der Kraft und Natur eben der Dinge, die man weiß. Das gerade Gegenteil ist der Fall: alles, was man erkennt, wird erfaßt nicht nach seiner eigenen Kraft, sondern vielmehr nach der Fähigkeit der Erkennenden. Denn, damit dies durch ein kurzes Beispiel klar werde: dieselbe Rundheit eines Körpers nimmt das Gesicht anders zur Kenntnis, wieder anders der Tastsinn. Dies schaut verharrend aus der Ferne das Ganze zugleich an mit seinen geschleuderten Strahlen, jener aber, der Kugel anhangend und verbunden, begreift, um den Umfang selbst geführt, die Wölbung stückweise. Auch den Menschen selber schauen die Sinne anders, anders die Vorstellung, anders das Denken, anders die Einsicht. Die Sinne nämlich beurteilen die Gestalt, wie sie sich in dem zugrundeliegenden Stoff ausprägt, die Vorstellung aber die Gestalt allein, ohne Stoff. Das Denken aber übersteigt auch diese und erwägt das Bild selbst, das dem einzelnen innewohnt, in allgemeiner Betrachtung. Der Einsicht aber ist ein erhabeneres Auge erwachsen; sie übersteigt nämlich den Umkreis des Universums und schaut jene einfache Gestalt selbst mit der reinen Schärfe des Geistes.

Dabei ist dies besonders erwägenswert: die höhere Auffassungskraft umfaßt die niedere, die niedere aber erhebt sich auf keine Weise zur höheren. Denn die Sinne vermögen gar nichts außerhalb des Stofflichen, die Vorstellung schaut nicht allgemeine Gattungen, das Denken umfaßt nicht die einfache Gestalt. Aber die Einsicht, von oben gleichsam schauend in der begriffenen Form, was ihr unterliegt, hat Urteil auch über alles; aber auf die Weise, wie sie die Gestalt selbst, die keinem anderen bekannt sein konnte, erfaßt. Denn sie erkennt das Allgemeine des Denkens, die Gestalt der Vorstellung und den sinnlichen Stoff, ohne das Denken, die Vorstellung und die Sinne heranzuziehen, mit jenem *einen* Blick des Geistes, gestaltmäßig sozusagen alles erschauend. Auch das Denken begreift, wenn es den Blick auf etwas Allgemeines richtet, ohne Vorstellung und Sinne die Vorstellungs- und Sinnenwelt. Dieses ist es nämlich, das das Allgemeine seiner Auffassungsart so bestimmt: der Mensch ist ein zweifüßiges, denkendes Lebewesen. Obwohl das ein allgemeiner Begriff ist, weiß doch jeder, daß es sich um etwas Vorstellbares und Sinnliches handelt, was jenes nicht durch die Vorstellung oder die Sinne, sondern in der geistigen Auffassung betrachtet. Auch die Vorstellung, wenn sie auch von den Sinnen den Anfang nahm, Gestalten zu sehen und zu formen, mustert doch alles sinnlich Faßbare in Abwesenheit der Sinne nicht auf sinnliche, sondern vorstellungsmäßige Urteilsweise.

Siehst du also, wie beim Erkennen alles vielmehr die eigenen Möglichkeiten anwendet, nicht dessen, was erkannt wird?

Und nicht mit Unrecht; denn da jedes Urteil als eine Handlung des Urteilenden entsteht, ist es notwendig, daß ein jeder sein Tun nicht aus fremder, sondern aus eigener Machtvollkommenheit vollendet.

Einstmals brachte die Stoa auf[9]
alte Männer[10], getrübt im Geist,
welche glaubten, Empfindung und
Bilder würden vom Gegenstand
unserem Geiste her eingeprägt,
wie man wohl mit dem schnellen Stift
in die Glätte der Seite[11] tief,
die noch keine Bemerkung weist,
einzusenken die Zeichen pflegt.
Doch wenn eigner Bewegung voll
nichts der Geist auseinanderklärt,
sondern einzig geduldig liegt,
unterworfen der Körper Druck,
und nach Art eines Spiegels nur
leere Bilder der Dinge gibt,
woher wirkt dann so sehr dem Geist
alles sehender Kenntnisdrang?
Welche Kraft nimmt die Dinge auf
oder welche zerlegt, was kund?
Welche eint das Zerlegte neu,
wählt abwechselnden Weg sich aus,
fügt ihr Haupt bald dem Höchsten ein,
steiget bald zu dem Niedrigsten,
weist das Falsche durch Wahrheit dann,
wendend sich auf sich selbst, zurück?
Dies bewirket vielmehr ein Grund,
der bei weitem zu mächtig ist,
um zu dulden allein des Stoffs
Stempel nur, der ihm eingepreßt.
Freilich geht das entfachende,
Kraft des Geistes bewegende

Leiden im lebenden Leib vorher,
wenn das Licht unsere Augen trifft
oder Stimme den Ohren tönt.
Dann, erweckt, ruft des Geistes Kraft
Bilder, welche sie drinnen birgt,
auf zu gleichen Bewegungen,
paßt sie dem äußeren Eindruck an,
und mit drinnen verborgenen
Formen mischt sie die Bilder dann.

Wenn aber bei der Wahrnehmung der Körper, obwohl hierbei von außen entgegentretende Beschaffenheiten die Sinneswerkzeuge beeinflussen und das leidende Empfinden des Körpers der Kraft des tätigen Geistes vorausgeht, was die Tätigkeit des Geistes auf sich lenkt und die inzwischen innen ruhenden Formen erweckt, wenn, sage ich, bei der Wahrnehmung der Körper der Geist nicht durch Leiden Eindrücke erfährt, sondern aus eigener Kraft die vom Körper abhängige Empfindung beurteilt, um wieviel mehr folgt das, was von allen Berührungen durch Körper frei ist, beim unterscheidenden Erkennen nicht dem von außen Entgegentretenden, sondern setzt vielmehr die Tätigkeit des eigenen Geistes in Bewegung.
Auf diese Weise fielen daher den verschiedenen sich unterscheidenden Wesenheiten vielfältige Erkennungsweisen zu. Sinneswahrnehmung allein, bar aller anderen Erkenntnisarten, wurde den unbeweglichen Lebewesen zuteil, wie es die Meermuscheln sind und was sonst anderes an Steinen hängend sich nährt; Vorstellung aber den beweglichen Tieren, denen schon Regungen, zu meiden oder zu erstreben, innezuwohnen scheinen. Denken aber besitzt nur das Menschengeschlecht, wie Einsicht allein Gott. Daher kommt es, daß die Erkenntnis vor den übrigen hervorragt, die auf Grund ihres Wesens nicht nur das ihr Eigentümliche, sondern auch das erkennt, was den übrigen Erkenntnisarten unterliegt.

Wie nun, wenn die Sinneswahrnehmung und Vorstellungskraft gegen die Überlegung stimmen und sagen, jenes Allgemeine, welches das Denken zu schauen glaubt, sei nichts?
Was nämlich den Sinnen faßbar und vorstellbar ist, das
könne nicht allgemein sein, entweder also sei das Urteil der
Vernunft wahr und Sinnenhaftes sei nichts, oder, weil ihnen
ja bekannt sei, daß mehr Dinge den Sinnen und der Vorstellungskraft unterliegen, Vernunft sei ein leerer Begriff,
die, was sinnenhaft und einmalig ist, wie etwas Allgemeines
betrachte. Wenn hierauf die Vernunft die Gegenantwort
gäbe, sie erblicke zwar, was sinnenhaft und was vorstellbar,
in der Weise der Allgemeinheit, jene könnten aber auf Erkenntnis der Allgemeinheit keinen Anspruch machen, weil
ihre Erkenntnis die körperlichen Gestalten nicht übersteigen
könnte, in der Erkenntnis der Dinge aber müsse man eher
dem festeren und vollkommeneren Urteil glauben – würden
wir in einem derartigen Streite also, wir, denen sowohl die
Kraft des Denkens wie des Vorstellens und auch des Emp-
findens innewohnt, nicht vielmehr der Sache der Vernunft
unseren Beifall geben?
Ähnlich ist es nun, wenn die menschliche Vernunft glaubt,
die göttliche Einsicht sehe das Zukünftige nur so, wie sie es
selbst erkennt. Denn so argumentierst du: wenn irgend etwas
ein bestimmtes, notwendiges Ende nicht besitzt, so kann es
auch nicht als sicher eintretend im voraus gewußt werden.
Für diese Dinge also gibt es kein Vorwissen. Würden wir
glauben, es herrsche auch bei ihnen, so wird es nichts geben,
was nicht aus Notwendigkeit geschehe. Wenn wir nun, wie
wir Verstand besitzen, auch die Urteilskraft des göttlichen
Geistes besitzen könnten, würden wir der Ansicht sein – so
wie wir urteilten, Vorstellungskraft und Sinneswahrnehmung müßten dem Denken weichen –, es sei am richtigsten,
daß auch die menschliche Vernunft sich dem göttlichen
Geiste unterwerfe. Deshalb wollen wir uns, wenn möglich,
zu dem Gipfel jener höchsten Einsicht emporrichten. Dort
nämlich wird das Denken sehen, was es in sich nicht sehen

kann – nämlich: wie eine gewisse und bestimmte Vorkenntnis auch, was festen Ausgang nicht besitzt, dennoch sieht,
und daß dies nicht nur eine bloße Meinung ist, sondern vielmehr die Einfachheit der höchsten Erkenntnis, die in keine
Grenzen eingeschlossen ist.

Wie verschiedner Gestalt durchwandern die Tiere diese
Erde![12]
Denn die einen sind mächtigen Umfanges, fegen Staub des
Bodens,
ziehen beständig rasch ihre Furchen hin mit der Macht der
Brünne;
andere gibt's, deren schweifende Leichte der Flügel peitscht
die Winde
und im flüssigen Flug durchschwimmet den Raum des
weiten Äthers;
diese erfreut's dem Boden die Spuren zu pressen und im
Schreiten
grüne Gefilde zu queren und wiederum einzugehn in Waldes
Dunkel.
Magst du dies alles in bunten Formen sich unterscheiden
sehen:
niederzudrücken hat Kraft ihr geneigtes Gesicht die
stumpfen Sinne.
Einzig der Menschen Geschlecht kann höher den stolzen
Scheitel heben,
steht mit aufrechtem Körper beschwingt und achtet nicht der
Erde.
Wenn du nicht erdenhaft böse von Sinnen bist, dies des
Bildes Mahnung:
der du gereckten Blickes zum Himmel schaust und die Stirn
hin streckest,
schwing auch den Geist hinauf zum Erhabenen, daß gedrückt
nicht nieder
tiefer der Geist versinke und höher der Körper sich erhebe.

Da also, wie kurz vorher gezeigt wurde, alles, was man
weiß, nicht aus der eigenen Natur, sondern aus der des Be-
greifenden erkannt wird, wollen wir jetzt schauen, soweit es
nicht verwehrt ist, welches der Zustand des göttlichen Wesens ist, auf daß wir erkennen können, welcher Art denn
sein Wissen ist.

Daß Gott ewig ist, ist das gemeine Urteil aller mit Vernunft
Lebenden. Überlegen wir also, was Ewigkeit ist. Denn sie
wird uns zugleich Gottes Wesen und Erkenntnis offenlegen.
Ewigkeit ist der ganze zugleich und vollkommene Besitz
eines unbegrenzbaren Lebens, was aus dem Vergleich mit
dem Zeitlichen noch klarer wird. Denn was in der Zeit lebt,
das geht gegenwärtig vom Vergangenen in die Zukunft vorwärts. Und es gibt nichts in die Zeit Gestelltes, was den ganzen Raum seines Lebens in gleicher Weise umfassen könnte,
sondern den morgigen hat es noch nicht erfaßt, den gestrigen
aber schon verloren; auch im Heute lebt ihr nicht mehr als in
jenem beweglichen und vorübergehenden Augenblick. Was
also die Bedingung der Zeit erleidet, mag es auch, wie
Aristoteles vom Weltall urteilte, niemals begonnen haben zu
sein noch aufhören und mag sich sein Leben mit der Unendlichkeit der Zeit erstrecken, ist dennoch nicht so beschaffen,
daß man es mit Recht für ewig ansehen dürfte. Denn es umgreift und umfaßt nicht den ganzen Raum des unendlichen
Lebens zugleich, sondern hat das Zukünftige noch nicht, das
Geschehene nicht mehr. Was also die ganze Fülle des unbegrenzbaren Lebens in gleicher Weise umgreift und besitzt,
wem nichts Zukünftiges fern ist und nichts Vergangenes ver-
flossen, das kann mit Recht ewig geheißen werden, und dies
muß notwendig seiner mächtig, immer gegenwärtig bei sich
sein und die Unendlichkeit der beweglichen Zeit gegenwärtig
haben.

Daher haben gewisse Leute nicht recht, die der Meinung sind,
wenn sie hören, Plato sei der Ansicht gewesen, das Weltall
habe keinen zeitlichen Anfang gehabt und werde kein Ende
nehmen, auf diese Weise werde das geschaffene Weltall

gleich wie der Schöpfer ewig. Etwas anderes ist es nämlich, durch ein unbegrenzbares Leben sich hindurchziehen – das weist Plato der Welt zu –, etwas anderes, die ganze Gegenwart eines unbegrenzbaren Lebens gleichmäßig umfaßt zu halten, was offensichtlich dem göttlichen Geiste eigentümlich ist.

Und Gott darf nicht der Länge der Zeit wegen älter scheinen als die geschaffene Welt, sondern vielmehr durch die Eigentümlichkeit seiner einfachen Natur. Diesen gegenwarthaften Zustand unbeweglichen Lebens ahmt nämlich jene unendliche Bewegung der zeitlichen Dinge nach; und da sie ihn nicht darstellen und ihm nicht gleichkommen kann, fällt sie aus der Unbeweglichkeit in die Bewegung, aus der Einfachheit der Gegenwart heraus wächst sie zu einer unendlichen Erstreckung der Zukunft und der Vergangenheit und, da sie die ganze Fülle ihres Lebens nicht in gleicher Weise besitzen kann, scheint sie gerade dadurch, daß sie auf irgendeine Weise niemals zu sein aufhört, jenem, was sie nicht erfüllen und ausdrücken kann, bis zu einem gewissen Grade nachzueifern, indem sie sich an die wie immer beschaffene Gegenwart dieses kleinen und flüchtigen Augenblicks bindet, die, da sie eine Art Abbild jener bleibenden Gegenwart darstellt, wem sie zuteil wird, das verleiht, daß es zu sein scheint. Da sie ja aber nicht dauern konnte, ergriff sie den unendlichen Weg der Zeit, und so geschah es, daß sie durch Weiterschreiten das Leben fortsetzte, dessen Fülle sie im Bleiben nicht umfassen konnte. Wenn wir deshalb den Dingen treffende Namen beilegen wollen, so wollen wir in der Nachfolge Platos sagen, daß Gott ewig, die Welt aber dauernd ist.

Da nun ein jedes Urteil seiner Natur gemäß begreift, was ihm unterliegt, Gott aber immer in einem zeitlosen und gegenwärtigen Zustand ist, übersteigt auch sein Wissen eine jede Bewegung der Zeit, bleibt in der Einfalt seiner Gegenwart, und die unendlichen Räume des Vergangenen und Zukünftigen umfassend, erwägt er alles in seiner einfachen Erkenntnis, als wenn es nun geschehe. Wenn du deshalb sein

Voraussehen würdigen willst, mit dem er alles unterscheidet,
wirst du dir richtiger vorstellen, daß es kein Vorauswissen
gleichsam der Zukunft ist, sondern das Wissen einer niemals
erlöschenden Gegenwart. Deshalb sagt man lieber nicht Voraussehen, sondern Vorsehung, weil sie, den niederen Dingen
ferngerückt, gleichsam vom erhabenen Gipfel der Dinge aus
alles vor sich sieht.[13]
Was forderst du also, daß notwendig geschehe, was vom
göttlichen Lichte geschaut wird, da auch die Menschen nicht
bewirken, daß notwendig ist, was sie sehen? Denn fügt dein
Blick etwa dem, was du gegenwärtig siehst, irgendeine Notwendigkeit hinzu?
Keineswegs.
Jedoch: wenn man göttliche und menschliche Gegenwart
vergleichen darf, so sieht jener, wie ihr in eurer zeitlichen
Gegenwart manches seht, alles in seiner ewigen. Deshalb
ändert diese göttliche Vorkenntnis nicht die Natur der Dinge
und ihre Eigentümlichkeit, und so beschaffen sieht sie bei
sich Gegenwärtiges, wie es in der Zeit einmal zukünftig geschehen wird. Und sie verwirrt nicht die Urteile über die
Dinge und unterscheidet mit einem Blick ihres Geistes sowohl, was notwendig, als auch, was nicht notwendig kommen wird; wie ihr, wenn ihr zugleich einen Menschen auf
der Erde wandeln und die Sonne am Himmel aufgehen seht,
wenn auch beide Anblicke zugleich, so die doch unterscheidet
und urteilt, dies sei freiwillig, jenes notwendig. So verwirrt
also der alles klärende Blick Gottes keineswegs die Beschaffenheit der Dinge, die bei ihm gegenwärtig sind, unter der
Bedingung der Zeit aber zukünftig. Daraus folgt, daß dies
nicht bloße Meinung, sondern vielmehr auf Wahrheit ge-
stützte Erkenntnis ist, wenn er erkennt, daß irgend etwas geschehen wird, was zugleich, wie er wohl weiß, frei ist von
der Notwendigkeit des Geschehens.
Wenn du hier sagen wolltest, was Gott als zukünftig ge-
schehend sieht, das müsse auf jeden Fall eintreten, was aber
auf jeden Fall eintreten müsse, das geschehe aus Notwendig-

keit, und mich auf dieses Wort Notwendigkeit festlegst, so will ich gestehen, daß es sich zwar um eine Sache sicherster Wahrheit handle, an die aber kaum einer außer dem, der das Göttliche schaut, herangekommen ist. Ich werde nämlich antworten, daß dasselbe Zukünftige, wenn man es zu der göttlichen Erkenntnis in Beziehung setzt, notwendig, wenn es aber in seinem eigenen Wesen erwogen wird, gänzlich frei und unabhängig scheint. Es gibt nämlich zwei Notwendigkeiten, eine einfache, wie z. B. daß notwendig alle Menschen sterblich sein müssen, eine zweite unter Bedingung, wie z. B. wenn du jemand gehen weißt, dieser notwendig geht. Was nämlich jemand kennt, das kann nicht anders sein, als es bekannt ist, aber diese Bedingung hat keineswegs mit sich jene einfache im Gefolge. Nicht die eigne Natur bewirkt diese Notwendigkeit, sondern die Beifügung der Bedingung; denn keine Notwendigkeit zwingt einen, der mit Willen dahinschreitet, einherzuschreiten, mag es auch dann, wenn er schreitet, notwendig sein, daß er einherschreitet. Auf dieselbe Weise ist also, wenn die Vorsehung irgend etwas gegenwärtig sieht, dies notwendig, obwohl es seinem Wesen nach keine Notwendigkeit besitzt. Gott aber schaut das Zukünftige, was aus Willensfreiheit geschieht, als Gegenwärtiges; dies also, in Beziehung gesetzt zum göttlichen Blick, wird notwendig unter der Bedingung der göttlichen Erkenntnis, für sich betrachtet verliert es nicht die vollkommene Freiheit seines Wesens. Es wird also ohne Zweifel alles geschehen, was Gott als zukünftig im voraus erkennt, aber manches davon kommt aus dem freien Willen, was, auch wenn es eintrifft, doch durch sein Eintreffen nicht die eigentümliche Natur verliert, dank der es, bevor es geschah, auch hätte nicht geschehen können.

Was macht es also aus, daß es nicht notwendig ist, wenn es wegen der Bedingung des göttlichen Wissens auf jeden Fall wie notwendig geschehen wird? Nun, genau dasselbe, wie daß – was ich kurz vorher als Beispiel gegeben habe – die aufgehende Sonne und der schreitende Mensch, während sie

geschehen, auf jeden Fall geschehen müssen, das eine von
ihnen jedoch auch, bevor es geschah, notwendig geschehen
mußte, das andere aber keineswegs. So wird auch ohne
Zweifel geschehen, was Gott gegenwärtig hat; dies aber entspringt der Notwendigkeit der Dinge, jenes der Gewalt der
Handelnden. Nicht mit Unrecht also sagten wir, dies sei,
wenn man es zum göttlichen Wissen in Beziehung setzt, notwendig, wenn es an sich betrachtet wird, frei von den Banden der Notwendigkeit; wie alles, was den Sinnen offen-
steht, setzt du es zum Denken in Beziehung, allgemein ist,
betrachtest du es an sich, einmalig.

Wenn es aber, wirst du sagen, in meiner Gewalt liegt, den
Vorsatz zu ändern, werde ich die Vorsehung entleeren, indem ich zufällig ändere, was jene im voraus kennt. Darauf
werde ich antworten: Du kannst zwar deinen Vorsatz abbiegen, aber da die gegenwärtige Wahrheit der Vorsehung
doch schaut, daß du es kannst und ob du es tust oder wohin
du ihn wendest, kannst du dem göttlichen Vorauswissen
nicht entgehen, wie du auch nicht dem Blick des gegenwärtigen Auges entfliehen kannst, obwohl du dich mit freiem
Willen zu den verschiedenen Handlungen wenden kannst.

Wie denn? wirst du sagen. Wird sich das Wissen Gottes nach
meiner Verfügung ändern, so daß jenes, wenn ich bald das
eine, bald das andere will, ebenfalls Wechsel im Erkennen
eintreten lassen muß? Keineswegs. Die göttliche Schau eilt
allem Zukünftigen voraus, zwingt und ruft es zur Gegenwart des eigenen Erkennens zurück und ändert nicht, wie du
glaubst, bald das eine, bald das andere im Wechsel des Vor-
auserkennens, sondern mit einem Blick kommt sie bleibend
allen deinen Änderungen zuvor und umfaßt sie. Diese
Gegenwärtigkeit des Allesbegreifens und Sehens hat Gott
nicht aus dem Ausgang der zukünftigen Dinge, sondern aus
seiner eigenen Einfachheit erlangt. Dadurch löst sich auch
jenes, was du kurz vorher annahmst: es sei unwürdig, wenn
man sage, unsere Zukunft gebe die Ursache von Gottes Wissen ab. Denn die Macht dieses Wissens, die in gegenwärtigem

Erkennen alles umfaßt, hat allen Dingen selbst das Maß festgesetzt, dem Späteren gar schuldet es nichts.

Da das so ist, bleibt den Sterblichen die Freiheit des Willens unangetastet, und nicht ungerecht setzen Gesetze Belohnungen und Strafen aus, da der Wille von jeder Notwendigkeit frei ist. Es bleibt auch der Zuschauer droben, der alles voraus weiß, Gott, und die immer gegenwärtige Ewigkeit seiner Schau trifft zusammen mit der künftigen Beschaffenheit unserer Handlungen, den Guten Belohnungen, den Schlechten Strafen austeilend. Und nicht vergebens sind die Hoffnungen, die man auf Gott setzt und die Gebete. Wenn sie richtig sind, müssen sie wirksam sein. Wendet euch also von Lastern, pflegt die Tugenden, erhebt den Geist zu richtigem Hoffen, richtet demütige Gebete zur Höhe. Eine gewaltige Notwendigkeit zur Rechtschaffenheit ist euch, wenn ihr euch nicht verleugnen wollt, angezeigt, da ihr vor den Augen des allessehenden Richters lebt.

Anmerkungen zur Übersetzung

1 *Erstes Gedicht:* elegisches Distichon.

2 Griechisches Π und Θ sind die Anfangsbuchstaben der πρακτική und der θεωρητική φιλοσοφία. Von der praktischen zur theoretischen ist ein Aufstieg möglich. Es gehört zu den Hauptanliegen der Philosophie des Boethius, die Verbindung von Leben und Geist zu erforschen, und hier wird vordeutend eines seiner Resultate vorweggenommen.

3 *Zweites Gedicht:* Hemiepes (die Hälfte eines Pentameters) und Adonius ($\_ \cup \cup \_ \cup$):

$$\_ \cup \cup \_ \cup \cup \_ \mid \_ \cup \cup \_ \cup .$$

(Die darüber geschriebenen Zeichen geben die Möglichkeit des Ersatzes an.)

4 *Drittes Gedicht:* Hexameter im ersten Vers, im zweiten ein daktylischer Tetrameter, der unverkürzt (akatalektisch) ist und nach der dritten Hebung ein gliederndes Wortende besitzt (Zäsur).

5 *Dritte Prosa:* Ein wichtiger interpretatorischer Beitrag zu dieser Stelle ist von W. Schmid geleistet worden: *Philosophisches und Medizinisches in der Consolatio des Boethius* in: *Festschrift Bruno Snell*, München 1956, S. 113–144. Seine Ansicht freilich, daß Boethius seinen Zustand und dessen Heilung durch die Philosophie pünktlich nach dem wissenschaftlichen Krankheitsbild der Lethargie dargestellt hätte, kann ich nicht teilen. Sie scheitert schon daran, daß das schlimmste Symptom die Aufruhr der Leidenschaften ist. Man muß also das Bild der Krankheit symbolisch auffassen und darf nicht anhand des medizinischen Bildes den Text verstehen wollen, sondern muß vom Text aus eventuelle Anspielungen an das wirkliche und wissenschaftliche Krankheitsbild feststellen. – An der Stelle hier deutet nichts auf die Lichtscheuheit des lethargicus. Was *caelum hausi* heißt, muß aus dem Text selbst eruiert werden. Wenn W. Schmid als Kontrast zu der Lichtscheuheit und unter Her-

anziehung von Vergil, *Aen.* 10, 896 ff. *hausi* mit *vidi* erklärt, so scheint er den weiten Ausdruck zu sehr zu verengen und nicht zu bedenken, daß die Wendung auch vor Vergil im Sinne des Lebendigseins, Lebendigwerdens, mit dem Leben in Verbindung Stehens ihre Geschichte hat: Lucilius 601 (Marx; 731 Warmington) *suspendatne sese an gladium incumbat, ne caelum bibat.*

6 Anaxagoras (500 v. Chr. bis 428), Freund des Perikles, wurde seiner Lehre wegen, die derjenigen der Atomisten in manchem nahesteht, verbannt. Die Anklage lautete auf Gottesfrevel.

7 Gemeint ist der Nachfolger des großen eleatischen Philosophen Parmenides. Sein Kampf gegen den Tyrannen Nearch, der ihn foltern ließ, und seine Standhaftigkeit dabei sind immer wieder als Beispiel gebraucht worden.

8 Seneca, *Über die Seelenruhe* 14, 4, erzählt von ihm: Julius Canius, ein hervorragender Mann, dessen Ruhme auch dies nicht hinderlich ist, daß er zu unserer Zeit geboren wurde, hatte einen langen Wortkampf mit Gaius (dem Kaiser). Beim Weggehen sagte dieser Phalaris (hier zur Bezeichnung für einen Tyrannen geworden): »Damit du dich nicht in törichten Hoffnungen wiegst: ich habe den Befehl gegeben, dich abführen zu lassen!« Darauf sagte er: »Ich danke dir, bester Fürst!«

9 Seneca, der so überaus wirksame Philosoph, der dies erzählt, wurde im Jahre 65 von seinem Schüler Nero zum Selbstmord gezwungen. Tacitus, (*Ann.* 15, 62 ff.) schildert ergreifend sein Ende.

10 Konsul im Jahre 52 n. Chr. und Stoiker, ein Mann, der »wegen seiner Gerechtigkeit und Tüchtigkeit« in der Provinzverwaltung, wie Tacitus (*Ann.* 16, 23) sagt, Nero verhaßt war und, angeklagt, auf falsches Zeugnis hin verurteilt wurde.

11 *Viertes Gedicht:* Elfsilbler (Hendecasyllabi), ein von Catull gern angewandtes Maß.

$$\_\_\_\cup\cup\_\cup\_ \mid \cup\_\cup\_\cup$$

(mit dem Strich gebe ich die Stelle des gliedernden Wortendes an, die natürlich erst beim Rezitieren mehrerer Verse ins Ohr fällt und auch stets sprechend genossen werden muß).

12 Zitat aus Homer, *Ilias* I, 363.

13 Ein vir illustris (Cassiodor *Var.* VIII 28), ist sonst nicht weiter bekannt.

14 Sonst nicht weiter bekannt.

15 S. Einführung S. 17 Konsul im Jahre 493 und Patricius.

16 Basilius ist uns hauptsächlich aus dieser Stelle bekannt als durch Schulden getriebener Verleumder des Boethius. Er wird auch von Cassiodor (*Var.* IV 22) erwähnt.

17 Der Bruder des Cyprian, von Cassiodor (*Var.* VIII 6) genannt (nach Weinberger im Index Nominum).

18 Über ihn ist nichts weiter bekannt.

19 *Fünftes Gedicht:* Sehr freie Anapäste (∪ ∪ __). Je zwei Füße werden zu einem Metrum zusammengefaßt. Hier sind zwei Metren zu einem Dimeter verbunden. Zwischen den Metren herrscht das Wortende. Die Kürzen des Anapästes können durch eine Länge, die Länge durch zwei Kürzen ersetzt werden.

20 Arcturus ist der hellste Stern im Sternbild des Bootes, des Rinderhirten.

21 Hundsstern, der hellste Fixstern, Sirius, der mit seinem Aufgang die »Hundstage« einleitet.

22 Durch Schmids Kritik angeregt (a. a. O. 123), bin ich zu Weinbergers Auffassung (s. Index) zurückgekehrt. Doch glaube ich nicht, daß man daran denken soll, es sei auf bei der Lethargie vorkommende Ödeme angespielt. Auch läßt sich eine Verbindung von *influentibus* mit *in tumorem* bei dem häufigen Vergleich der Leidenschaften mit dem hochgeschwollenen Meere und der seit Tacitus zu beobachtenden Vorliebe dieses finalen *in* kaum ausschließen. Am nächsten liegt es, eine ἀπὸ κοινοῦ-Konstruktion anzunehmen. Die jetzige Übersetzung betont besser den Zustand des zu Heilenden. Die Gesamttheorie W. Schmids bedürfte ausführlicherer Erörterungen.

23 *Sechstes Gedicht:* Glykoneus, ein von Boethius besonders geliebtes Metrum.

$$\cup \_\_\_\cup\cup\_\cup\_$$

Es gehört nicht zu denen, die aus einer bestimmten Anzahl gleicher »Versfüße« bestehen, sondern ist eine feste Reihe aus einer bestimmten Anzahl Silben. Alle Maße der Dichter von Lesbos sind dieser Art.

24 An den Menschen der Vorzeit wird gepriesen, daß sie sich von den bereiten Früchten des Waldes nähren, den Eicheln. Wenn der Bauer, der seinen Kornertrag durch falsche Aussaat so leichtsinnig aufs Spiel setzt, zur Eichelfrucht seine Zuflucht

nehmen muß, sinkt er wieder auf den Stand der Primitivität zurück. Häufiger ist die umgekehrte Vorstellung, daß das bescheidene Leben der Vorzeit erstrebenswert sei. – Bei der Frucht ist nicht etwa an die Kastanie zu denken, sondern an die Frucht der Quercus pedunculata, die etwas größer und süßer als die der anderen Eicheln sein soll. In den vorgeschichtlichen Pfahldörfern der Poebene haben sich Eicheln in großer Menge, bisweilen auch in Tongefäßen gefunden. Daraus darf man schließen, daß sie zur Menschennahrung gedient haben, weil man doch die Schweine zur Mast in die Wälder treibt. Das wäre eine Bestätigung für die Schilderer der Vorzeit (W. Helbig, *Die Italiker in der Poebene* ⟨1879⟩, 16 f.).

25 Viola ist nicht nur das blaue Veilchen, sondern mehrere Arten der Levkoi umfaßt das Wort mit. Der Name Levkoi ist aus λευκός = weiß und τὸ ἴον = das Veilchen zusammengesetzt. Die Blumenart gehört zu den cruciferae.

26 *Siebentes Gedicht:* Adonius, ein Vers der erst von späten lateinischen Dichtern stichisch (in Reihen hintereinander) gebraucht wird. Aus Horaz und den Griechen, die ihn bildeten, ist er als Abschluß der sapphischen Strophe bekannt.

$$\_\cup\cup\_\cup$$

Auch im Deutschen ist er angewandt worden (z. B. von Goethe).

ZWEITES BUCH

1 *Erste Prosa:* Vgl. über den Unterschied von rein dichterischer und philosophischer Muse die vorzügliche Einordnung in die (platonische) Tradition durch L. Alfonsi, *Studi boeziani*, Aevum 25, 1951, speziell S. 160–164.

2 *Erstes Gedicht:* der sog. Hinkjambus. Jamben (∪ _), deren letzter (6.) Fuß umgekehrt ist, so daß eine Stauung des glatten Flusses entsteht. Der Vers erhält dadurch etwas Unerwartetes, Ungeordnetes. Die Gegensätze prallen in ihm aufeinander. Für den Inhalt ist dieses Metrum hier besonders passend.

3 Sund zwischen Euböa und dem Festland. Im Laufe des Tages schlägt die überaus heftige Strömung in ihm mehrmals um – ein großes Hindernis für die Schiffahrt, die nur in der kurzen Zeit der Ruhe zwischen dem Wechsel möglich ist. Die Unberechen-

barkeit des plötzlichen Wechsels, dessen Ursache man nicht
kannte, ist ein überaus packendes Bild für das Umschlagen des
Schicksals.

4 Kroisos, König der Lyder (561 v. Chr. bis 546?), wurde von
dem Perserkönig Kyros besiegt. Sein Reichtum war sprichwört-
lich. Herodot 1, 86 erzählt die berühmte Novelle von dem Gespräch zwischen Solon und Kroisos, in dem Solon dem Glück-
vertrauen des Kroisos gegenüber mahnte: niemand ist vor seinem Tode glücklich zu preisen.
   Kyros, der Besieger des Kroisos, hat nach Siegen über die
Meder, Kroisos und Babylon das Perserreich geschaffen. Sein
Grab in Pasargadae ist uns bekannt. Von Xenophon wurde er
in der Kyrupädie als Muster eines Herrschers geschildert.

5 Lucius Aemilius Paulus besiegte als Konsul 168 bei Pydna Perseus, den letzten König von Mazedonien. Paulus war nicht nur
ein großer Feldherr, sondern auch ein guter Organisator und
außerdem einer der gebildetsten Römer seiner Zeit. Sein Sohn,
Scipio Africanus, der Zerstörer Karthagos, wurde mit den
Männern, die er um sich sammelte, entscheidend wichtig für die
Entwicklung der römischen Kultur.

6 Zitat aus Homer, *Ilias* XXIV, 527 ff.

7 *Zweites Gedicht:* Asklepiadeus verbunden mit dem Pherekrateus. Der Asklepiadeus (bekannt aus dem ersten Horazgedicht:
Maecenas atavis edite regibus) hat folgende Form:

Der Pherekrateus ist ein verkürzter (katalektischer) Glykoneus:

(Die erste Silbe kann statt der Länge zwei Kürzen haben.)

8 Der mit Elfenbein ausgelegte Amtssessel des Konsuls, Prätors
und der nach ihm benannten kurulischen Ädilen.

9 *Drittes Gedicht:* Sapphische Strophe mit Glykoneus (s. Anm.
I, 23) verbunden. Der sapphische Elfsilber hat folgende Form:

$$\_\cup\_\_\_\,|\,\cup\cup\_\cup\_\breve{}$$

Boethius wahrt nach der 5. Silbe immer die Zäsur. Im Deutschen macht das bei der sapphischen Strophe ungeheure Schwie-
rigkeiten. Ich bin deshalb damit, teilweise nach dem Muster

früherer, etwa des Horaz, freier verfahren (ähnlich verfährt
R. A. Schröder in seiner Horazübersetzung).

10 Der Schwiegervater des Boethius, s. Einführung S. 6 f. und 18.

11 *Viertes Gedicht:* verkürzter jambischer Dimeter und Pherekrateus (s. Anm. II, 7).

12 Ost- bis Südostwind, bringt Regen, besonders um die Winter-
wende.

13 *Fünftes Gedicht:* Parömiacus, ein verkürzter anapästischer Dimeter:

$$\smile\smile\_\smile\smile\_\smile\smile\_\underline{\smile}$$

14 Die Chinesen, deren Seide man schon im Altertum schätzte.

15 Der tyrische Purpur – aus der Stadt Tyros im phönizischen
Lande – war so berühmt, daß man einfach von tyrischer Farbe
sprechen konnte.

16 Busiris war ein sagenhafter grausamer König Ägyptens, der
alle Fremden opfern läßt. Die Sage deutet auf die Erschließung
Ägyptens.

17 Hercules, griech. Herakles, war der Sohn des Zeus und der
Alkmene, also ein Halbgott; seine »12 Arbeiten« werden besonders gern von den Stoikern als Beispiele tapferen Aushal-
tens gebraucht. Herakles wurde nach seinem gewaltsamen Tode
durch das Nessosgewand, wie die Sage geht, unter die Götter
aufgenommen.

18 Ein erfolgreicher Feldherr der Römer im 1. punischen Krieg,
der in die Gefangenschaft der Karthager geriet. 251/50 soll er
von ihnen nach Rom gesandt worden sein, um Frieden zu ver-
mitteln. Im Senat sprach er gegen den Frieden und kehrte dann,
wie es heißt, seinem Versprechen gemäß nach Karthago zurück.
Dort ist er qualvoll zu Tode gemartert worden. Horaz stellt
ihn in der fünften Römerode als Beispiel alter Römerart hin.

19 *Sechstes Gedicht:* sapphischer Elfsilbler (s. Anm. II, 9).

20 Ein hervorragender Geograph (um 150 n. Chr.), der unter anderem die Länge eines Längenkreises errechnete.

21 Marcus Tullius Cicero (106–43 v. Chr.).

22 Man glaubt, daß von dieser Stelle das Sprichwort rührt, das in
folgender Form geläufiger ist: *si tacuisses, philosophus man-
sisses.*

23 *Siebentes Gedicht:* jambischer Trimeter mit folgendem jambischen Dimeter.

24 Fabricius, römischer Held aus der Zeit des Tarentinischen Krieges (282–272).

25 Einer der Cäsarmörder. Zu Cäsar stand er vorher in einem nahen Verhältnis. Cäsar, getroffen, erkannte ihn und rief: »Auch du, mein Sohn Brutus«. Bei Philippi (42) wurde er mit seinem Heer von Antonius und Octavian vernichtend geschlagen und stürzte sich in sein Schwert.

26 Stoiker und leidenschaftlicher Gegner Cäsars, wollte den Untergang der res publica nicht überleben und beging im Jahre 46 nach dem Siege Cäsars in Utica Selbstmord.

27 *Achtes Gedicht:* Glykoneus (s. Anm. I, 23.)

28 Der Abendstern.

29 Die Schwester des Phöbus Apollo, der Mond.

DRITTES BUCH

1 *Erstes Gedicht:* Ein Hemiepes in Verbindung mit einem Kretiker. Im Deutschen ist dieses Maß nur nachzubilden, wenn man den Satzrhythmus mit zu Hilfe nimmt.

$$\_\cup\cup\_\cup\cup\_\_\cup\cup\cup\breve{}$$

Es ist das sog. Metrum phaliscum.

2 *Zweites Gedicht:* freie anapästische Dimeter.

3 *Drittes Gedicht:* jambischer Trimeter verbunden mit einem folgenden Pentameter.

4 Nonius, der von Catull in einem politischen Jambus angegriffen wird, ist nicht sicher zu bestimmen. Es kommen zwei Nonii in Betracht: Nonius Sufenas, Volkstribun 56, oder Nonius Asprenas, Prokonsul 46, zu jener Zeit Legat Cäsars in Afrika.

5 Decoratus, Advocatus und dann, wie es scheint, Quästor. Er starb vor 524. Sein Bruder war Honoratus, Quästor 524/5.

6 *Viertes Gedicht:* Hendecasyllabus (s. Anm. I, 11) verbunden mit dem alkaischen Zehnsilbler (nach Alkaios, dem großen Dichter von Lesbos benannt). Der Zehnsilbler hat diese Form:

$$\_\cup\cup\_\cup\cup\_\,|\,\cup\_\breve{}$$

(Die Zäsur kann auch nach der 6. Silbe stehen.)

7 Antoninus Caracalla, der berüchtigte römische Kaiser (211 bis 217 n. Chr.); in der berühmten constitutio Antoniniana gab er allen römischen Untertanen das Bürgerrecht.

8 Der große Rechtsgelehrte wurde 212 von Caracalla neben un-
zähligen anderen als Anhänger seines Bruders Geta getötet, mit
dem Caracalla von 211 an gemeinsam die Herrschaft geführt
hatte, den er aber ein Jahr darauf ermorden ließ.

9 *Fünftes Gedicht:* Parömiacus.

10 Euripides, für den Boethius, offenbar weil er der philoso-
phischste der Tragiker ist, eine besondere Vorliebe bekundet.

11 Zitat aus Euripides' *Andromache* 319 f.

12 *Sechstes Gedicht:* verkürzter daktylischer Tetrameter verbunden mit einem unverkürzten jonischen Dimeter. Das jonische
Maß besteht aus zwei Kürzen und zwei Längen: ⏑ ⏑ _ _.
Ähnlich wie beim Hinkjambus stoßen hier die schweren Silben
zusammen. Der Vers hat im ganzen diese Form:

_⏑ ⏑ _ ⏑⏑ _ ⏑⏑ _ | ⏑⏑ _ _ ⏑ ⏑ _ _.

13 *Andromache* 420. Das folgende *siebente Gedicht* steht im jonischen Dimeter (mit Anaklasis).

14 Lynkeus, einer der Argonauten, der »durch Mauern und Baum-
stämme« sah, wird von Aristoteles in ähnlichem Zusammen-
hange erwähnt (Aristoteles fr. 59 bei Jamblichos *Protr.* 8;
47, 12).

15 *Achtes Gedicht:* Asklepiadeus (s. Anm. II, 7) verbunden mit
folgendem jambischen Dimeter.

16 Während man selbstverständlich weiß, daß man im tyrrhe-
nischen Meer keine Rehe jagen kann, geht man bei viel Wichti-
gerem – bei der Suche nach dem Guten und dem Glück – in die
Irre und weiß nicht, wo es zu finden ist, obwohl das noch
selbstverständlicher gewußt werden sollte als alles andere.

17 *Neuntes Gedicht:* Hexameter.

18 Zwischen Geist und Körper steht die »Seele«, das Lebenspen-
dende, in der Mitte.

19 *Zehntes Gedicht:* Hendecasyllabus verbunden mit dem sapphischen Elfsilbler. Fürs Lesen macht sich der Unterschied nur darin geltend, daß die Kürzen das eine Mal nach der 3., das andere Mal nach der 5. Silbe zu stehen kommen.

20 Der Tajo in Spanien wird häufig als goldführend, *aurifer*, bezeichnet, nach Mela gab es in ihm auch Perlen.

21 Hermus, der Hauptfluß im mittleren Kleinasien, mündet bei
Smyrna ins Meer. Vergil (*Georg.* 2, 137) gedenkt seines Gold-
gehaltes.

22 *Elftes Gedicht:* Hinkjamben.
23 Die »lange« Schwingung ist die Bewegung, die geradeaus, nach außen schwingt. Es ist die Richtung, in der die Gedanken des naiven Menschen auf die Objekte laufen. Es kommt darauf an, diese Bewegung in sich zu kehren, auf sich zurückzulenken, zu »reflektieren«. Dann wird man in sich das Glück finden. Über die Wichtigkeit dieser Umkehr für Boethius vgl. die Einleitung.
24 Vgl. *Phaidon* 76 a.
25 Parmenides', des großen eleatischen Philosophen, Wort ist uns von Plato im Sophistes (244 e) überliefert.
26 Ein frühes Denken meint immer im Wort, wie mit einem Zauber, das Wesen einer Sache, die Sache selbst, zu haben. Plato faßt das Verhältnis zwischen Wort und Sache in dem Bild der Verwandtschaft (*Tim.* 29 b). Darin ist von dem alten Glauben noch viel erhalten. Wir haben gelernt, Wort und Sache nicht mehr zu trennen und ihr Verhältnis zueinander unter dem größeren Gesichtspunkt von Denken (Sprechen) und Denkgegenstand (ein Ding an sich gibt es nicht) zu betrachten.
27 *Zwölftes Gedicht:* Glykoneus (s. Anm. I, 23).
28 Orpheus.
29 Die Muse Kalliope hatte manche Quelle, die ihr als heilig galt.
30 Vorgebirge in Lakonien, der Sage nach der Eingang der Unterwelt.
31 Der dreiköpfige Cerberus am Eingang zur Unterwelt.
32 Ixion, Tantalus, Tityos, Büßer in der Unterwelt, deren Strafe bei Orpheus' Gesang aussetzt. Tantalus hatte den Göttern seinen eigenen Sohn Pelops zum Mahle vorgesetzt, um ihre Allwissenheit auf die Probe zu stellen. Zur Strafe mußte er in der Unterwelt Hunger und Durst leiden. Dabei stand er bis zum Kinn in einem See und über ihm hingen die schönsten Früchte. Weil diese vor dem Erlangen immer zurückwichen, mußte er zu Hunger und Durst noch solche »Tantalusqualen« leiden. Ixion wurde wegen Frevels an Hera an ein sich rasch drehendes glühendes Rad gebunden, Tityos mußte wegen Frevels an Leto wie Prometheus seine Leber einem Geier zum Fraß bieten.

VIERTES BUCH

1 *Erstes Gedicht:* unverkürzter daktylischer Tetrameter verbunden mit folgendem jambischen Dimeter.

2 Saturn.

3 In seinen Gedanken folgt er der Bahn des Mars, ist in dessen Gefolge gleichsam sein Soldat.

4 *Zweites Gedicht:* trochäischer (_ ᴗ) unverkürzter Dimeter verbunden mit jonischem Dimeter. Der Vers sieht im Schema so aus:

$$\_\,\cup\_\,\overline{\cup}\_\,\cup\_\,\overline{\cup} \mid \overline{\cup}\,\overline{\cup}\_\_\,\cup\,\cup\_\_$$

5 *Drittes Gedicht:* Glykoneus (s. Anm. I, 23).

6 Kirke war die Tochter des Sonnengottes, des Sol.

7 Hermes gibt ihm ein Mittel, das die Wirkung des Zauberkrauts aufhebt (*Odyssee X*, 277 ff.).

8 *Viertes Gedicht:* Hendecasyllabus, dem ein elegischer Pentameter folgt.

9 *Fünftes Gedicht:* abwechselnd ein trochäischer oder jambischer Beginn (bis zur Zäsur nach der 5. Silbe), darauf ein Adonius. Das Schema:

$$\_\,\cup\_\,\underline{\cup\,\cup\,\cup} \mid \_\,\cup\,\cup\_\,\overline{\cup}$$
$$\overline{\cup}\_\,\cup\,\underline{\cup\,\cup\,\cup} \mid \_\,\cup\,\cup\_\,\overline{\cup}$$

10 Lukan sagte in seinem Epos über die Bürgerkriege von dem jüngeren Cato, dem todbereiten Verfechter der sterbenden res publica, das stolze Wort: *victrix causa deis placuit, sed victa Catoni* (I, 128): die siegreiche Sache gefiel den Göttern, die besiegte Cato. Er meinte, Cato habe sich von der gerechten Sache nicht durch den Erfolg der bösen abziehen lassen. Boethius entkleidet das Wort seiner stolzen zugespitzten Form, indem er es in indirekter Rede bringt und deutet es um: Cato hat den tieferen Willen der Götter nicht erkannt; das Schicksal weiß, warum es der Gegenpartei den Sieg gab. Der Sieg ist auf jeden Fall etwas Gutes gewesen.

11 Man vermutet, daß Parmenides, einer der tiefsten Philosophen Griechenlands, hier dieses hohe Lob erhält.

12 Zitat aus *Ilias* XII, 176. Mit dieser Formel – sie ist übrigens mit den Versen der Nachbarschaft von den alexandrinischen Gelehrten für unecht erklärt worden, was, wie man sieht, nicht

hindert, daß sie Boethius gelesen hat und für echt hält – wird es abgelehnt, einen weiteren Bericht zu geben.

13 *Sechstes Gedicht:* freie anapästische Dimeter.

14 *Siebentes Gedicht:* sapphische Elfsilbler.

15 Hercules Arbeiten, zwölf an der Zahl, werden verschieden erzählt. Der Augiasstall wird hier sicher deshalb nicht erwähnt, weil es der Stilhöhe nicht entsprochen hätte.

FÜNFTES BUCH

1 *Erstes Gedicht:* Elegisches Distichon.

2 Im Altertum wird häufig von dieser Taktik der Perser gesprochen. Sie lockerten die festen Angreifermassen durch vorgetäuschte Flucht auf, um plötzlich die behenden Pferde zu wenden und um so wirksamer ihre Pfeile abzusenden.

3 Tigris und Euphrat entspringen nicht aus einer Quelle. Ihr unübersichtliches und nahe beieinanderliegendes Quellgebiet konnte leicht zu dieser Anschauung führen.

4 *Zweites Gedicht:* verkürzter daktylischer Tetrameter.

5 vgl. *Ilias* III, 277.

6 Tiresias, der berühmte Seher aus der Ilias, Odyssee und Oidipus-Sage, wird von Horaz (*Satiren* II, 5) zu einem wenig erhabenen Zweck eingeführt. Um das Übel der Erbschleicherei in Rom zu geißeln, wählt er eine mythische Einkleidung. Odysseus kommt nach langer Irrfahrt in den Hades und fragt den Tiresias, der dort unter den Schatten weilt, wie er seine heruntergekommenen Vermögensverhältnisse wieder auf die Höhe bringen könne. Tiresias rät ihm zu dem einträglichen Erwerb der Erbschleicherei und gibt nützliche Ratschläge dafür. Der zitierte Vers (59) leitet, die Wichtigtuerei der Weissager parodierend, zu einem prophetischen Ausblick auf Horazens Zeiten über.

7 *Drittes Gedicht:* freier anapästischer Dimeter.

8 Cicero hat außer der Schrift *de divinatione* auch eine selbständige über das Schicksal *(de fato)* geschrieben.

9 *Viertes Gedicht:* (s. Anm. I, 23).

10 Die Wahrnehmungstheorie der Stoa – verwandt mit der tabula rasa eines John Locke – wird sehr scharf abgelehnt und weit überholt. Überhaupt sieht Boethius geringschätzig auf die Stoiker herab, wie jeder große Systematiker auf diejenigen,

deren Ziel nicht die Erkenntnis ist, sondern Weisung für die Lebensführung.

11 Das Bild ist von der Schreibtafel genommen, in deren dünn aufgetragenes Wachs man mit einem Griffel (stilus) für den Tag bestimmte Mitteilungen schrieb. Pagina wird ursprünglich für das Papyrusblatt gebraucht, muß dann aber bald unsere abgeblaßte Bedeutung erhalten haben.

12 *Fünftes Gedicht:* unverkürzter daktylischer Tetrameter mit verkürztem trochäischen Dimeter. Das Versmaß geht von einem bewegteren daktylischen zu einem ruhigeren trochäischen Maß über. Seine Form:

13 Die göttliche Erkenntnis übersteigt Raum und Zeit, der Mensch freilich kann nur in Zeit und Raum denken. Raum und Zeit sind also Anschauungsformen einer bestimmten Erkenntnisart, der eine andere übergeordnet ist, die ihnen nicht unterworfen sein kann. Diese Gedankengänge wirken in bestimmten Punkten wie eine Vorahnung der Philosophie Kants. Es lohnte sich freilich auch über die Unterschiede nachzudenken. Nicht unberechtigt wäre die Frage, ob Kant, der auch sonst antike Einflüsse spüren läßt, von solchen Gedankengängen angeregt worden ist.

Erklärung des Titelbildes

Das Bild befindet sich in einem Codex der Münchner Staatsbibliothek (Codex Latinus Monacensis 2599). Der Codex ist im 13. Jahrhundert geschrieben und gehörte früher dem bayerischen Zisterzienserkloster Aldersbach.

Zu Boethius, der im Kerker sitzt und sein trauriges Lied aufschreibt (auf der Schreibtafel steht der zweite Vers des ersten Gedichtes geschrieben: Flebilis heu mestos cogor inire modos – bin zum Beginne, ach, trauriger Weise gedrängt), tritt die Philosophie. Eine Beischrift des Namens über ihr bezeugt ausdrücklich, daß sie es ist. Sie ist in ein teppichartig gemustertes, strenges Gewand gehüllt, das von einem breiten Längsstreifen – »nach Art von Leitersprossen« – beherrscht wird. Abweichend vom Text aber hat sich der Maler nicht damit begnügt, das griechische Θ und Π oben und unten als Abschluß zu geben, sondern hat das Gemeinte ergänzt, von unten nach oben: Πractica vita – tätige Lebensführung, von oben nach unten: Θheorica (in dieser Form) vita id est contemplativa – theoretische d. h. betrachtende Lebensführung. In ihrer linken Hand hält sie ein Szepter, in der anderen statt des Buches, von dem der Text spricht, ein Spruchband, das sich nach einer Unterbrechung – beide Spruchbänder gehören zusammen – rein dekorativ im leeren Raume von der rechten Hand des Boethius nach oben fortsetzt, so daß beide Teile ein schrägliegendes S bilden. Auf dem ersten Bande steht: spes tibi sit, bone vir, fies in carcere martyr – Habe Hoffnung, wackrer Mann, du wirst im Kerker ein Märtyrer werden; auf dem zweiten: consolatus ego vobis solatia presto – getröstet bringe ich euch Zuspruch dar. Über dem Kerker des Boethius, der ein mit besonderer Liebe und auffällig ausgeführtes Schräggitter trägt, dem die Gestalt des Boethius teilweise eingepaßt wurde (Boethius' linke Schulter), erhebt sich hinter der zinnengekrönten Mauer, in die der Kerker offenbar eingelassen ist, ein durch Türme und Dächer angedeutetes Stadtbild ganz allgemeiner Art, ornamental und gleichsam nur eine Tatsache mitteilend. Die Beschriftung am Rande ergänzt diese Mitteilung: carcer in Papia civitate – der Kerker in der Stadt Pavia.

Die beiden beherrschenden Figuren sind nicht durch einen gemein-

samen Raum in Beziehung gesetzt; die Philosophie scheint in ihrem
streng abgegrenzten Rahmen gleichsam zu schweben. Was sie verbindet, ist der Blick des Boethius, der offenbar überrascht seine
Augen auf die Erscheinung heftet. Die Philosophie soll wohl auch
auf Boethius schauen, aber ihre Augen machen doch mehr den
Eindruck, als ob sie im Unbestimmten verweilend ruhten. Was der
Künstler mit dem Blick der Philosophie nicht erreichte, hat er
glücklich wettgemacht und so ergänzt durch das Spruchband: das
schafft eine enge Verbindung zwischen den Personen.

Der Maler dieses Bildes ist kaum sein Schöpfer. Wir wüßten gern,
wie weit das Bild in die Jahrhunderte zurückreicht. Zweifellos ist
vieles mittelalterlich, die Schrift, das bewegte Sitzen, die Kopf-
haltung, die an Evangelistendarstellungen erinnert, der Fernblick
auf die angedeutete Stadt, das Spruchband, die Art der Raumbe-
handlung. Manches aber weist auch auf die Antike. Die Art, wie
die Philosophie hier zu Boethius tritt, ist sicher nicht ursprünglich
für unser Bild entworfen, sondern für ein Bild, auf dem beide
Gestalten wirklich auch in einem gemeinsamen Raume in Beziehung
miteinander treten konnten. Bilder nun von der geforderten Art
gibt es in der Antike. Wir kennen Darstellungen, wo etwa die
Muse ganz ähnlich zum Dichter tritt. Weiter scheint das Gewand
der Philosophie mit seinen weit herabhängenden Ärmeln, dem
Teppichmuster und der breiten Borte an Darstellungen byzantini-
scher Kunst zu erinnern, an byzantinische Kunst, die eben zur Zeit
des Boethius bis zur Herrschaft der Langobarden in Italien maß-
gebend war. Da unsere Handschriften alle auf ein Buch zurück-
gehen, das wenig nach dem Tode des Boethius geschrieben wurde,
dürfen wir uns vielleicht der Hoffnung hingeben, wenn wir die
eben angeführten Gründe recht erwägen, in unserem Bilde Spuren
von jenem Bilde zu finden, mit dem pietätvolle Hände das unsterbliche Werk kurz nach dem Tode des Boethius schmückten.

Literaturhinweise

Ein Verzeichnis von älterer Boethius-Literatur findet man bei H. R. Patch, *The tradition of Boethius*, New York 1935, S. 171-191.

1. Ausgaben

Boethii Philosophiae Consolationis libri V. Hrsg. von G. Weinberger (Corpus scriptorum ecclesiasticorum latinorum, LXVII). Wien und Leipzig 1934.

Boethii Philosophiae Consolatio. Hrsg. von L. Bieler (Corpus Christianorum, Series Latina XCIV). Turnholt 1957. [Ausführliche Literaturübersicht S. XVI–XXVI.]

Boethii Philosophiae Consolationis libri quinque. Hrsg. von K. Büchner. Heidelberg 1977.

Boetii Philosophiae Consolationis libri V, accedunt pouscula sacra. Hrsg. von R. Peiper. Leipzig 1871.

Boethius: The theological tractates with an English translation. The Consolation of Philosophy with the English translation of »J. T.« (1609) revised. Hrsg. von H. F. Stewart und E. K. Rand. London / New York 1918.

Boethi De Consolatione Philosophiae libri V. Hrsg. von A. a. Forti Scuto (Fortescue) und G. Smith. London 1924.

2. Übersetzungen

De consolacion. *Édition critique d'après le manuscrit Paris, Bibl. nationale, fr. 1096, avec introduction, variantes, notes et glossaires Boeces.* Hrsg. von J. Keith Atkinson. Tübingen 1996

Lateinischer Text und althochdeutsche Übersetzung der Tröstung der Philosophie (De consolatione Philosophiae) von Anicius Manlius Severinus Boethius. Notker der Deutsche von St. Gallen. Hrsg. von E. S. Firchow. Bd. 1–3, Hildesheim/Zürich [u. a.] 2003.

Consolatio philosophiae. Lateinisch-deutsch = Trost der Philosophie. Hrsg. und übers. von Ernst Gegenschatz und Olof Gigon, eingel. und erl. von Olof Gigon. Düsseldorf 2004.

Le livre de Boece de consolacion. Hrsg. von Glynnis M. Cropp. Genève 2006.

The Old English Boethius. Hrsg. von Malcolm Godden. Bd. 1 und 2. Oxford 2009.

Die übrigen Werke u. a. in der *Patrologia latina* von Migne, Bd. 63 und 64, Sonderausgaben zweier logischer Werke, können hier außer Betracht bleiben.

3. Theoderich und seine Zeit

H. Usener: *Anecdoton Holderi, ein Beitrag zur Geschichte Roms in ostgothischer Zeit* (Festschrift zur XXXII. Philologenversammlung). Bonn 1877.

G. Pfeilschifter: *Der Ostgotenkönig Theoderich und die katholische Kirche* (Kirchengeschichtliche Studien III 1/2). Münster 1896. [Dort S. 3 ff. mit ausführlicher Übersicht über die Geschichtsquellen.]

G. Pfeilschifter: *Theoderich der Große* (Weltgeschichte in Karakterbildern 2. Abt.). Mainz 1910.

J. Sundwall: *Abhandlungen zur Geschichte des ausgehenden Römertums* (Öfversiegt af Finska Vetenskaps-Societetens Förhandlingar, LX B 2). Helsingfors 1919.

Teoderico e i Goti tra Oriente e Occidente (= congresso internazionale; Ravenna, 28 settembre – 2 ottobre 1992). Hrsg. von Antonio Carile. Ravenna 1995.

F. M. Ausbüttel: *Theoderich der Große*. Darmstadt 2012.

J. J. Arnold: *Theoderic and the Roman imperial restoration*. New York 2014.

4. Zum Trost der Philosophie

E. K. Rand: *On the composition of Boethius' Consolatio Philosophiae* (Harvard Studies in Classical Philology 15). Cambridge (Mass.) 1904. S. 1 f.

F. Klingner: *De Boethii Consolatione Philosophiae* (Philologische Untersuchungen 27). Berlin 1921.

E. Gegenschatz: »Die Freiheit der Entscheidung in der *consolation philosophiae* des Boethius«. In: *Museum Helveticum* 15 (1958) S. 110–129.

P. Courcelle: *La consolation de philosophie dans la tradition Littéraire*. Paris 1967. S. 383–402.

H. Tränkle: »Textkritische Bemerkungen zur Philosophiae Consolatio des Boethius«. In: *Vigiliae Christiane* 22 (1968) S. 272–286.

H. Scheible: *Die Gedichte in der Consolatio philosophiae des Boethius*. Heidelberg 1972.

P. T. M. Huber: *Die Vereinbarkeit von göttlicher Vorsehung und menschlicher Freiheit in der Consolatio Philosophiae des Boethius*. Zürich 1976.

J. Gruber: *Kommentar zu Boethius »De consolatione philosophiae«.* Berlin [u. a.] 1978.

M. Fuhrmann (Hrsg.): *Boethius.* Darmstadt 1984.

S. Lerer: *Boethius and dialogue. Literary method in The consolation of philosophy.* Princeton 1985.

G. O'Daly: *The poetry of Boethius.* London 1991.

A. W. Astell: *Job, Boethius, and epic truth.* London 1994.

M. J. F. M. Hoenen und L. Nauta (Hrsg.): *Boethius in the Middle Ages: Latin and vernacular traditions of the Consolatio philosophiae.* Leiden/Köln [u. a.] 1997.

Chr. Hehle: *Boethius in St. Gallen. Die Bearbeitung der Consolatio Philosophiae durch Notker Teutonicus zwischen Tradition und Innovation.* Tübingen 2002.

J. Marenbon (Hrsg.): *The Cambridge companion to Boethius.* Cambridge [u. a.] 2009.

J. Gruber: *Boethius. Eine Einführung.* Stuttgart 2011.

N. H. Kaylor (Hrsg.): *A companion to Boethius in the Middle Ages.* Leiden [u. a.] 2012.

R. Zim: *The consolations of writing. Literary strategies of resistance from Boethius to Primo Levi.* Princeton (NJ) 2014.

C. Moreschini: *A christian in Toga. Boethius: interpreter of antiquity and christian theologian.* Göttingen 2014 (= Beiträge zur Europäischen Religionsgeschichte 3).

Th. Böhm (Hrsg.): *Boethius as a paradigm of late ancient thought.* Berlin [u. a.] 2014.

Mehr bei Fortescue (s. oben) S. 188 ff.; Weinberger S. XXX; Schanz-Hosius-Krüger, *Geschichte der römischen Literatur* VIII 4,2, S. 166 f.; Manitius, *Geschichte der lateinischen Literatur des Mittelalters,* Bd. 1, S. 21 ff.

5. Zum Bild

W. Kranz: »Theorica Vita«. In: *Rheinisches Museum* 99 (1956) S. 191 f.

E. Bethe: *Buch und Bild im Altertum.* Leipzig/Wien 1945. S. 90 ff.; 140, 17; 142, 39.

J. Robert, *Konrad Celtis und das Projekt der deutschen Dichtung. Studien zur Konstitution von Poetik, Nation, Philosophie und Ich.* Tübingen 2003. S. 125.

Neuere Literatur findet sich in M. v. Albrecht, *Geschichte der römischen Literatur,* Bd. 2, München ³2012.

Nachwort des Herausgebers

Boethius gehört für den Übersetzer, um einem Worte Bruno Snells zu folgen, zu den Autoren, bei denen es nicht genügt, den Inhalt in gutem Deutsch wiederzugeben, sondern deren Sprache in all ihren Besonderheiten nachgebildet werden muß. Boethius' Sprache ist in dieser Zeit, wo der Stil verfällt, wo die Änderungen der Vulgärsprache eindringen, wo man in hohem Stil einen überaus phrasenhaften, blumigen, wirklichkeitsfremden Stil schreibt, etwas Einziges und Erfrischendes. Gehört es nach Goethe zu einem Hauptmerkmal einer guten Sprache, Tropen keusch zu verwenden, ihre Propretät zu wahren, so darf sich Boethius dieses Vorzuges besonders rühmen. Bei jedem Wort kann man auf die gemeinte Sache durchstoßen, die eben so und nicht anders ausgedrückt werden mußte. Man nennt seinen Stil klassizistisch. Aber es ist nicht ein einfaches Zurückgreifen auf die natürliche Ausgewogenheit der Klassik: die Sprache des klassischen Menschen einer späten Zeit gibt sich darin zu erkennen, daß der Abstand zum Stoff, die Virtuosität in der sparsamen Auswahl aus einem überreichen Wortschatz, die Freiheit in der Handhabung der Sprachmittel eine viel größere ist. Für den Übersetzer ist hier die einzige Tugend: Treue. Eine solche Treue führt in günstigen Fällen dazu, daß auch in der eigenen Sprache neue ruhende Möglichkeiten bewußter werden. Das gilt für die Prosa, es gilt auch für die Gedichte. Die Sprache eines lateinischen Gedichtes ist nicht der Leidenschaft des Augenblickes abgerungen, sie ist ein Weiterbauen an den Möglichkeiten, welche die Generationen der Dichter vorher errungen hatten. Durch immer neue Wortstellungen, durch immer neue Verbindungen von Worten wird einem Wort oder einem einmal geprägten Gedanken das Äußerste an poetischem Gehalt abgewonnen. Bei einem meist sehr ein-

fachen – zwei- oder dreigeteilten – einplanigen und gedank-
lichen Aufbau des Ganzen ist die Sprache der Gedichte überaus fein ziseliert und inhaltsschwer, hat aber dabei nichts an
Frische und Unmittelbarkeit des Erlebens eingebüßt. In der
Sprache liegt einer der Hauptreize der Gedichte, in ihr ruht
unendlich viel poetische Realität.

Boethius hat ein merkwürdiges Bemühen darauf verwandt,
immer neue Versmaße für die Gedichte auszuwählen und zu
ersinnen. Es muß der Stolz eines Geistes gewesen sein, der
kurz vor dem Tode und da gerade in der überlegenen Handhabung der Form seine Freiheit zeigt, der ihn zu diesem
Beginnen geführt hat. Die Übersetzung sucht durch Beibehal-
tung der antiken Maße eine Vorstellung von ihrer Vielfalt
zu geben und davon, wie sehr oft der Rhythmus dem Inhalt
dient. Man denke an die Elegie am Anfang des 1. Buches, an
das Gebet (III 9) im erhabenen epischen Versmaß, an die
Klage (I 5) in unruhigen Anapästen.

Alle diese Vorzüge, vor allem aber natürlich das wahrhaft
Tröstliche des Buches haben es zu einem der meistübersetzten
Bücher der Weltliteratur gemacht. Diese Übersetzungen müs-
sen wir hier beiseite lassen. Eine jede Zeit hat ihre eigene
Übersetzung zu schaffen.

Der Text baut auf meiner oben zitierten Ausgabe auf, die
mit den inzwischen erschienenen textkritischen Ergebnissen
verglichen wurde.

Bei meiner Arbeit waren mir ein besonderes Glück und eine
große Hilfe die Teilnahme und der Rat meines Lehrers
Friedrich Klingner.

                                              Karl Büchner

Inhalt

Einführung 5

Anmerkungen zur Einführung 39

Erstes Buch 41

Zweites Buch 60

Drittes Buch 83

Viertes Buch 118

Fünftes Buch 148

Anmerkungen zur Übersetzung 171

Erklärung des Titelbildes 183

Literaturhinweise 185

Nachwort des Herausgebers 189